伊藤五郎の
七五三

とても楽しくつくりました。
みなさんも楽しんで読んでください。
(読むだけじゃなくて手も動かしてね)
伊藤五郎

Contents

	4	スタイル集
	65	テクニック集
Basic technique	66	一束に結ぶ
	68	ピンうち
	70	すき毛
	74	逆毛
	78	スプレーの扱い方
	80	Uピン、輪グシの扱い方
	82	GOROの道具
Step by Step	85	
Colum	99	お飾りについて
	113	メークについて
	131	3歳児について
Back+side shot	100	バックのボリューム
	101	サイドの毛流れ
Front+side shot	114	まげの位置と前髪の毛流れ
	115	2つのまげと前髪の毛流れ
		まげの質感と顔周り
	135	衣装・髪飾りご協力
	136	プロフィール・奥付

上・はこせこ 各¥13,000／撫松庵（新装大橋）
下・上から時計回りに 桜背守、桃の背守、鈴の背守 各¥3,000、うさぎブローチ ¥3,500／すべて、撫松庵（新装大橋） 下に敷いたリボン／MOKUBA
右ページ・つまみ細工の菊帯留め 各¥3,800／撫松庵（新装大橋）

すくすくと成長してくれて、ありがとう。
お父さんとお母さん、おじいちゃんも、おばあちゃんも。
今日は、みんな揃ってお祝いです。
おめでたい日だから、とびきりの笑顔を。

see page 86

着物¥165,000、帯¥95,000／こむさでもーど(いちだのきもの)
梅柄ちりめんゴム付髪飾り(2本セット)¥1,500／Su-ba-ba(ジョジョ)　髪飾りに使った白うさぎ背守¥3,000／撫松庵(新装大橋)

お祝着 ¥200,000、祝帯 ¥130,000／組曲（オンワード樫山）
菊のコサージュ 参考商品／アトリエ染花　くまのぬいぐるみ／昌山坊

see page 94

アンティーク着物、袴、桜の巾着、すべて参考商品／昌山坊
根付七宝焼花柄 ¥4,200／新井法子作　ガーベラコサージュ 各¥1,800／アトリエ染花

see page 120 | 11

着物 ¥98,000、帯 ¥68,000／撫松庵(新装大橋)　ラビットファー／昌山坊
梅柄ちりめんゴム付髪飾り(2本セット)¥1,500／Su-ba-ba(ジョジョ)

着物 ¥110,000、帯 ¥63,000、ぽっくり ¥19,800／すべて撫松庵(新装大橋)　飾り紐／マスダ増　前にさした紅白小菊Uピン 各¥580
後ろにさした紅白小菊コーム ¥5,800／以上、アトリエ染花

お祝着 ¥170,000、祝帯 ¥70,000／ジュンコ　コシノ（ツカモト）
桜のかんざし ¥1,500　／エトワール海渡

着物 ¥110,000、帯 ¥68,000／撫松庵(新装大橋)　桜の造花／GORO私物

着物 ¥98,000、帯 ¥68,000　ぼたんの髪飾り／以上、撫松庵（新装大橋）

着物 ¥58,000、半幅帯 ¥28,000、根付に使った房飾り（2つセットで）¥3,800／以上、撫松庵（新装大橋）　うさぎ髪飾り（セットで）¥4,300／マスダ増

左・着物 ¥38,000、つくり帯 ¥38,000／八重衣(佐啓産業)　髪飾りにした小菊コサージュ大 ¥5,700、小 ¥2,000／アトリエ染花
右・被布セット ¥58,000／八重衣(佐啓産業)　バック ¥1,400／エトワール海渡　髪飾りにした小菊コサージュ ¥3,500／アトリエ染花

上・はとのつまみかんざし（3点セットで）¥16,800／撫松庵（新装大橋）
下・つまみ細工のブローチ／昌山坊　つまみ細工くす玉かんざし／GORO私物　下に敷いたリボン／MOKUBA
右ページ・菊のコサージュ 各¥16,800／アトリエ染花

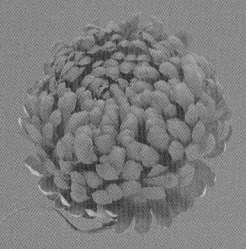

晴れがましい日。お姉さんの仲間入り。
舞妓さんみたいに、女優さんみたいに、
ちょっと背伸びしてみたい気分。
着物も帯も、うれしさを引き立ててくれるよう。

お祝着 ¥200,000、祝帯 ¥130,000／組曲（オンワード樫山）　白木ぽっくり／昌山坊　鳩のつまみかんざし（3点セットで）¥16,800／撫松庵（新装大橋）

28 | see page 96　　　　　　　　　　　　　　　　　　　　　　　　　お祝着 ¥198,000／千總　帯／昌山坊　つまみかんざし（３点セットで）参考商品／高島屋横浜店

32 | see page 110　　　お祝着 ¥520,000、祝帯 ¥158,000、後ろにつけた鈴付ちりめんリボン／以上、KIMONO 紫藤尚世　布花髪飾り 参考商品／撫松庵（新装大橋）

お祝着 ¥280,000／千總　帯／昌山坊　蝶付房ちりめん花飾り（3点セットで）¥8,800／あとりえせい

see page 102

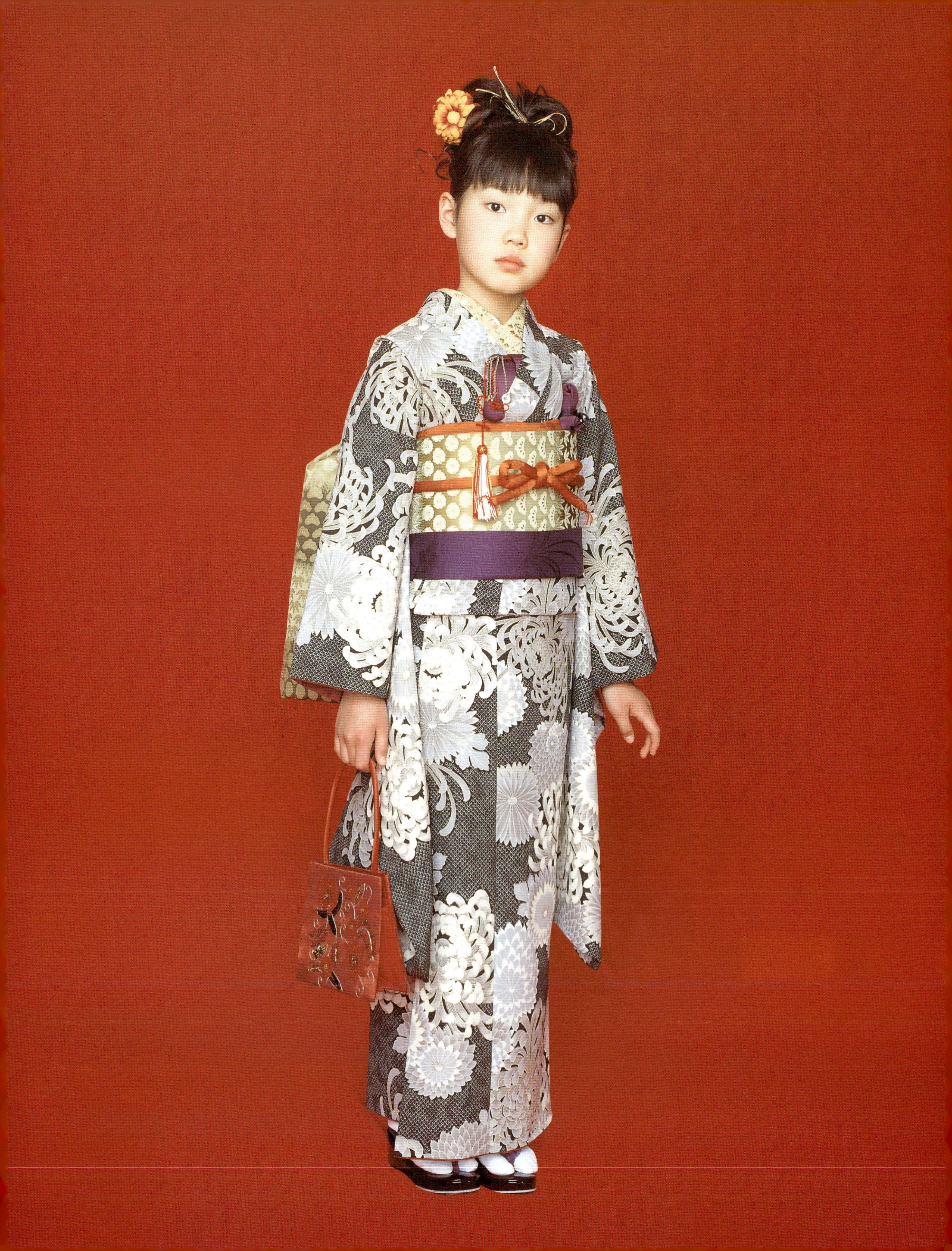

着物 ¥58,000、帯 ¥58,000／夢工房　みに（いちだのきもの）　アンティークビーズバック／昌山坊　ポンポン小菊かんざし ¥9,700／アトリエ染花

see page 104

38 | see page 116

お祝着 ¥398,000、祝帯 参考商品／高島屋横浜店
飾り紐／マスダ増　玉かんざし，桜の造花／GORO私物

梅の造花／GORO私物

お祝着 ¥398,000／高島屋横浜店　アンティーク細帯／昌山坊
リボン／MOKUBA　ガーベラコサージュ 各¥1,800／アトリエ染花

see page 119

40 | see page 125

お祝着 ¥170,000、祝帯 ¥70,000／ジュンコ コシノ（ツカモト）　玉かんざし／GORO私物

着物、帯 参考商品、草履 ¥12,800、髪飾りに使った桜柄背守 ¥3,000
／以上、撫松庵(新装大橋) カシミアストール ¥12,000／新井ますみ作

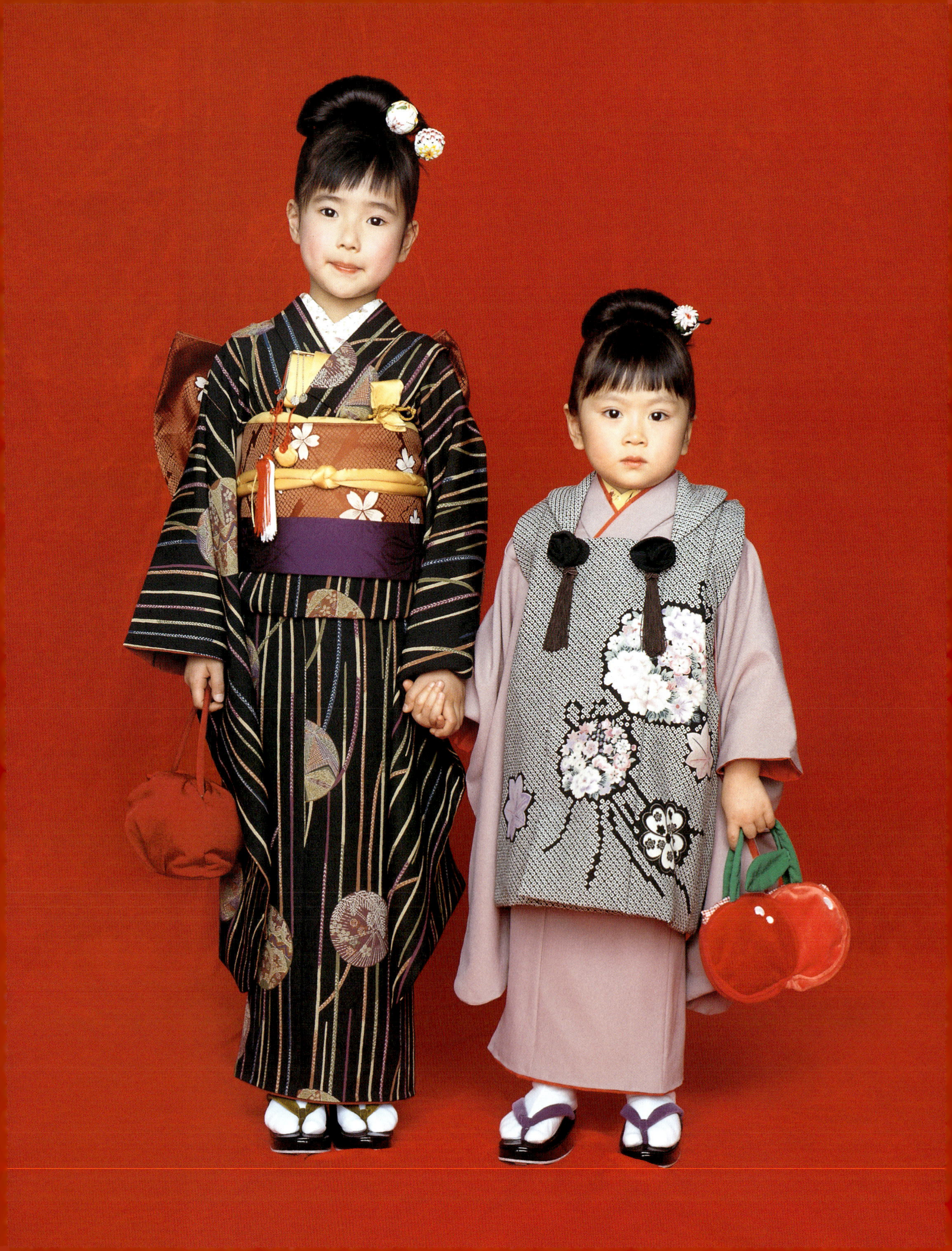

左・着物 ¥58,000　帯 ¥58,000／夢工房　みに（いちだのきもの）　つまみ細工花くす玉飾り 各¥2,600／エトワール海渡
右・被布セット ¥58,000／こむさでもーど（いちだのきもの）　バッグ ¥1,400／エトワール海渡　つまみ細工花くす玉かんざし／GORO私物

see page 103

上・ガーベラコサージュ 各¥1,800／アトリエ染花
下左・着物 貝合せ ¥110,000／撫松庵（新装大橋）
下右・祝い着 赤絞り ¥190,000／池田
右ページ・うさぎリボン髪飾り 各¥5,300／撫松庵（新装大橋）

特別な日だから、私らしく。
自分で選んだお気に入りの着物に、
お母さんが選んでくれた小物を添えて。
いつまでも、いつまでも、
心に残るお祝いの風景のために。

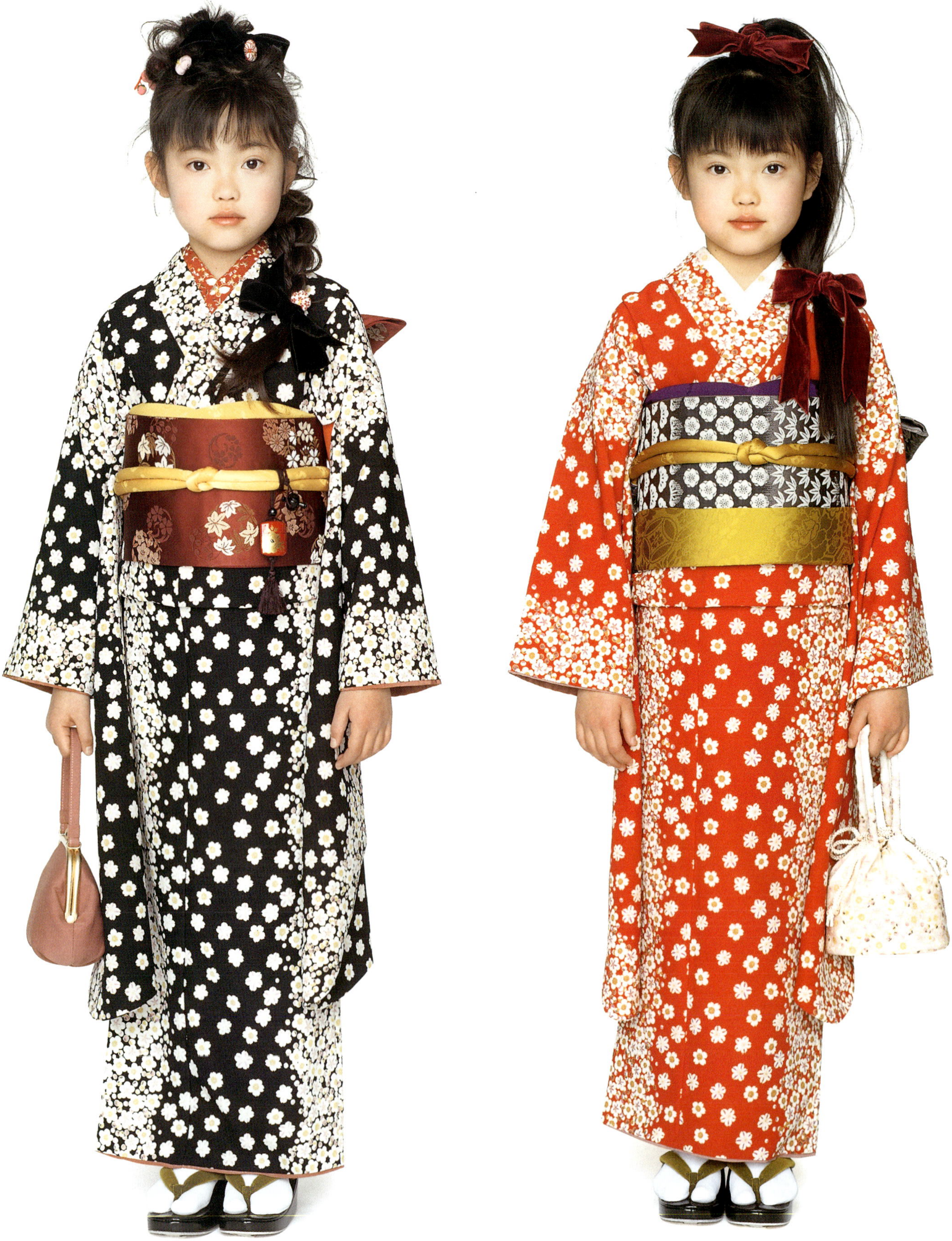

左・着物 ¥68,000、帯 ¥58,000／夢工房　みに（いちだのきもの）　ピンクがま口型バック ¥9,800／夢がたり（いちだのきもの）　ちりめん飾り／GORO私物
右・着物 ¥68,000、帯 ¥58,000／夢工房　みに（いちだのきもの）　ピンク桜柄バック ¥4,800／夢がたり（いちだのきもの）

see page 98（左）,133（右）

着物¥110,000、帯¥63,000／撫松庵（新装大橋）
玉かんざし大¥1,500、小（2本セットで）¥1,600／以上、エトワール海渡

see page 128 | 48

創作7才お祝着／花野にて（新井ますみ作）　創作祝帯／夢野にて（新井ますみ作）

お祝着¥170,000、祝帯¥70,000／ジュンコ コシノ（ツカモト）　玉かんざし／GORO私物

see page 128

お祝着¥170,000、祝帯¥70,000／ジュンコ コシノ（ツカモト）　根付七宝焼黒丸¥4,000／新井法子作　玉かんざし／GORO私物

お祝着 ¥200,000／KEITA MARUYAMA（京都丸紅）
アンティーク帯 参考商品／京都丸紅

着物 ¥38,000、袴 ¥28,000、袴下帯 ¥6,000、巾着 ¥6,800、ぞうり ¥12,000／八重衣（佐啓産業）　コサージュ 各¥8,800／アトリエ染花

左・創作3才お祝着、祝帯、創作バッグ／夢野にて（新井ますみ作）　草履 ¥7,800／撫松庵（新装大橋）
右・創作7才お祝着、祝帯／花野にて（新井ますみ作）　草履 ¥7,800／撫松庵（新装大橋）

see page 132 | 55

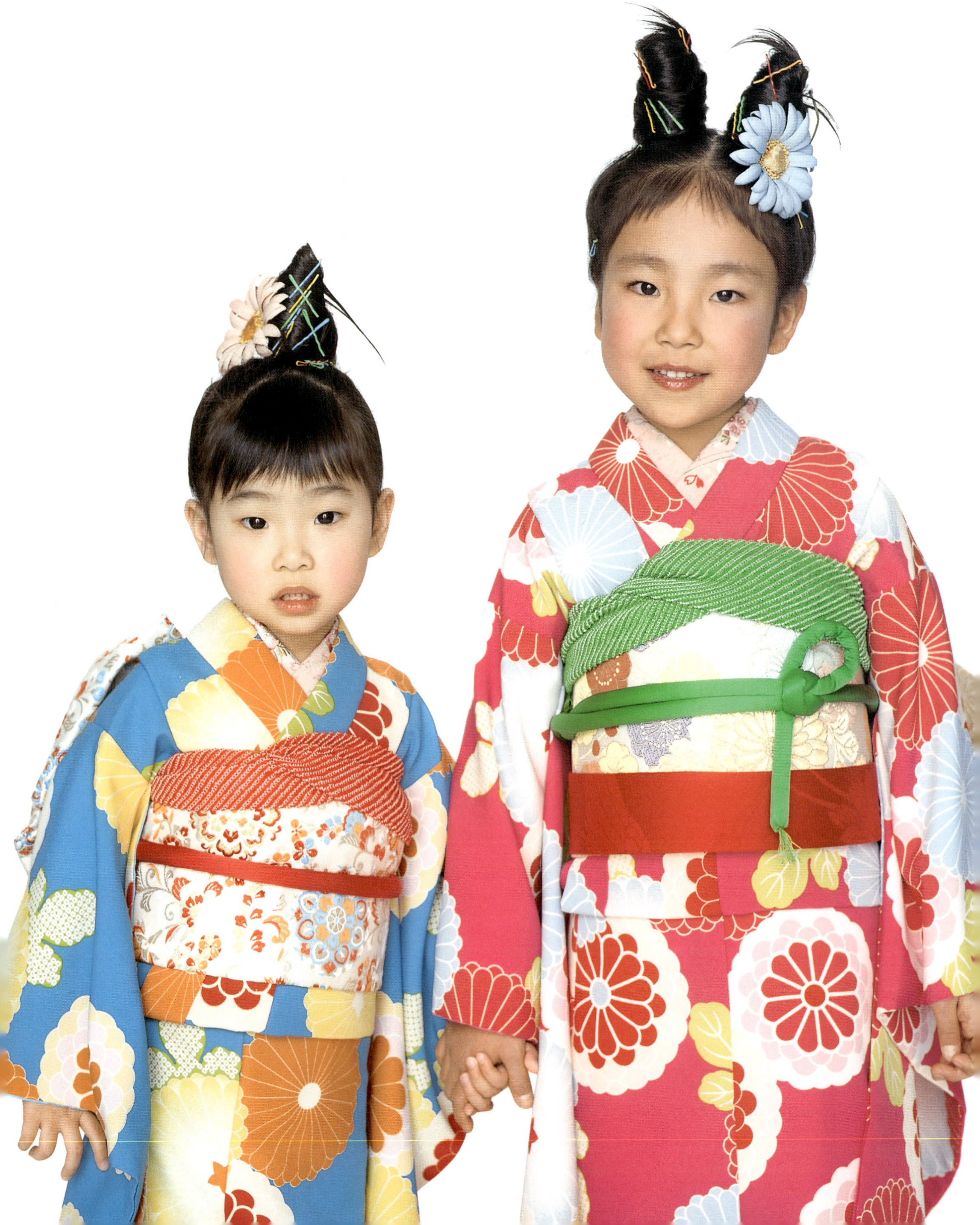

右・着物 ¥48,000、つくり帯 ¥28,000／撫松庵（新装大橋）　ガーベラコサージュ ¥4,200／アトリエ染花
左・着物 ¥58,000、帯 ¥68,000／撫松庵（新装大橋）　ガーベラコサージュ ¥4,200／アトリエ染花

see page 126

着物 ¥58,000、帯 ¥63,000、赤ちりめん花集めピン（3本セット）¥3,500、赤ちりめん花リボン髪飾り ¥5,800／以上、撫松庵（新装大橋）

60 | see page 130

お祝着 ¥120,000　祝帯 ¥40,000　鳩型バック ¥13,000／以上、池田
リボン／MOKUBA

お祝着 ¥190,000、祝帯 ¥50,000、うさぎ型バック ¥12,000／以上、池田
菊のコサージュ ¥16,800／アトリエ染花

see page 133 | 61

左・3才お祝着 ¥198,000、3才被布 ¥98,000／高島屋横浜店
ベルベットうさぎバッグ¥5,800、枝垂れ桜かんざし ¥3,800、桜付ピン（大小セット）¥2,000
／以上、撫松庵（新装大橋）
右・7才お祝着 ¥198,000、帯 参考商品／高島屋横浜店
オレンジ市松柄バッグ ¥12,000、桜くす玉かんざし ¥6,800、桜付ピン（大小セット）¥2,000
／以上、撫松庵（新装大橋）

62 | see page 122

着物 ¥58,000、帯 ¥63,000／撫松庵（新装大橋）　ダリアコサージュ ¥16,000／アトリエ染花

see page 127

左・被布セット ¥80,000／組曲（オンワード樫山）菊のコサージュ 参考商品／アトリエ染花　うさぎぬいぐるみ ¥3,800／エトワール海渡
右・被布セット ¥58,000／八重衣（佐啓産業）菊のコサージュ ¥2,000／アトリエ染花　テディベア／昌山坊

Basic Technique

この本で必要な「基本」をまとめてあります。
具体的な作り方に入る前にいちど目を通してください。
痛くない、持ちが良い、スピーディにつくるための、まとめ髪のコツが詰まっています。

一束に結わく

スタイルの要。やさしく手加減して結わくと、あとから必ずゆるんでしまいます。
子供でも、基本どおりなら、痛くなくキリリと結べます。
ゴムの結び方を知っている人も、もういちどおさらいしてみてください。

メークの前に仮結び

子供の頭は、大人と比べるとゆがみが強いことがあります。きれいに一束に結んだつもりでも、ゆがんだところから緩んで輪っかのように毛が出てくることが。メークの間に、上がるクセをつけておくと、本番がきれいに仕上がります。

1 クセがつきやすいように、水スプレーで軽く湿らせます。
2 後ろの表面も同じように、ほんのひと吹き。
3 セット剤はこの時点ではつけません。クッションブラシで一束に集めたら
4~5 ゴムで結んでおきます。
6 このままの状態で、メークに入ります。
7~8 本番のデザインで根の位置が上になる場合、お客様の正面に立って集めましょう。

本番の結び

一束に結ぶときは気合が必要。1回で決めましょう。ダメならもう1回。ゴムは必ず伸ばしながら巻くのがコツです。あとから毛がつれて痛くなることがありません。

1 根の位置に髪を集めたら、クッションブラシにノーマルタイプのムースをつけて、

2 毛流れを整えます。このとき、ブラシの1列目の歯を使って整えていくとうまくいきます。

3 毛束の根元をしっかり持ち親指の腹でゴムを押さえます。

4 ゴムを伸ばしながら1回転。

5 このとき毛束を持つ手のひとさし指の付け根でゴムを押さえます。これならゴムを離しても戻ったりしません。

6 ゴムは地肌に向かって締めつけていくように、最初のゴムの内側を通り

7 伸ばしながらもう1周。

8 ゴムの反対側を

9 逆向きに1周させます。地肌に向かって締めつけるようにゴムの内側を通ります。

10 両方のゴムを伸ばしながら2回からませ、

11 左右に引っ張ります。

12 もう一度2回からませ

13 左右に引っ張ります。

14 最後に毛束を2つに分け左右に引っ張りながら、ゴムを締めます。

15 できあがり。

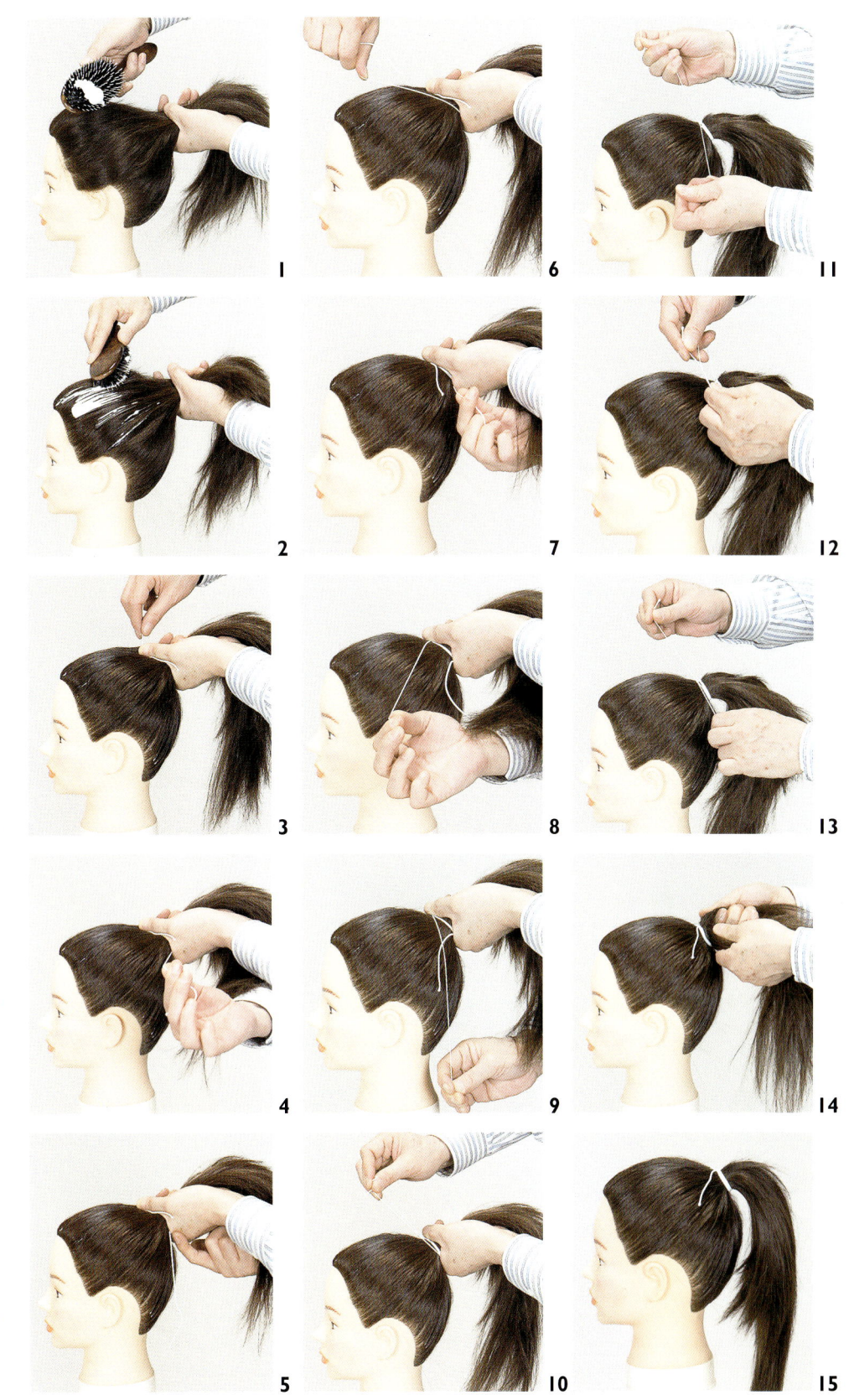

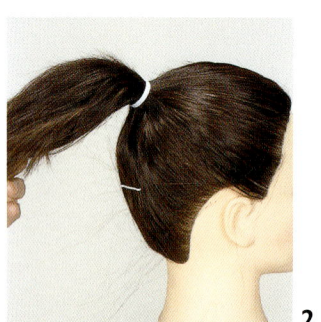

広げずにうつ
「こはぜ返し」

ピンうちは、毛が動かない場所にうつのが基本です。ピンで押さえたりゴムでまとめたりして土台を作ってからうちましょう。

1　とめたいほうの毛束はゴムで2か所結んでおきます。ゴムとゴムの間にピンをうつと安定します。
2　地肌側にはアメピンを1本とめて、表面の毛を動きにくくします。
3　毛束のゴムの間にピンをさしたら、
4　土台の地肌近くまで差し込んで平行になるよう直角に倒し、
5　地肌近くの毛をかませながらピン尻を差し込んでいきます。最初にとめたアメピンにかませると、よりしっかりとまります。

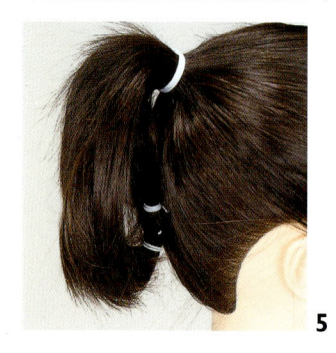

毛流れに対して直角にうつ

まげを地肌や根にしっかりとめたいときも、「こはぜ返し」が便利。まげのふんわり感を損なわず、しっかりとめつけることができます。

1　まげの毛流れに対して毛をかませながら垂直にピンを入れ、
2　地肌近くまでしっかり差したら
3　土台の地肌近くの毛をかませてピンを直角に倒します。
4　ピン尻が見えなくなるまで差し込みます。
5　できあがり。

ピンうち

ピンは広げてとめるのが一般的ですが、動いてしまったり緩んだりするので、広げずにとめる方法を考えました。足袋についている「こはぜ」のように90度に返しながら差し込むのですが、これがピタッととまって便利なのです。アメピン、スモールピンに関しては、メーカーによって使いごこちがさまざまですから、こだわって選んでください。

ゴムをかくす

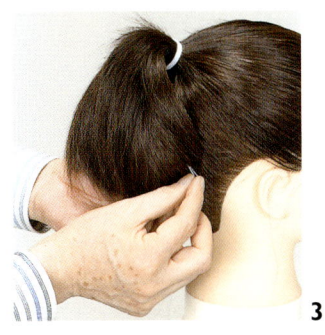

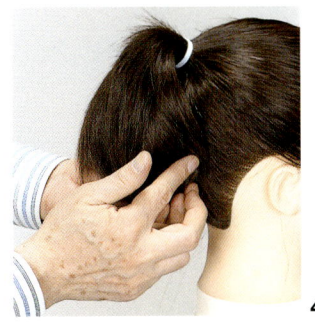

見せたくないゴムは毛束を巻きつけ隠します。そのときも「こはぜ返し」なら1本でとまります。ピンを90度倒すので、根やまげを立ち上がらせることができます。

1 テールから少量毛束を取り分け、少しねじって根の内側に向かって巻きつけます。毛先はゴムで結んでおきます。

2 巻きつけた毛束の一重目の毛をピンで拾い、

3 直角に倒して、

4 地肌と根のゴムの間にピンを差し込みます。

5 できあがり。

69

すき毛

ボリューム調整やピンうちの土台になるので、均一な厚みにして使うのがポイントです。
袋の端からちぎってしまうと、なかなか均一にすることが難しい。
いったん、袋から全部出して下ごしらえするとうまくいきます。
すき毛にはいろんな色があります。地毛に合わせて選んでください。

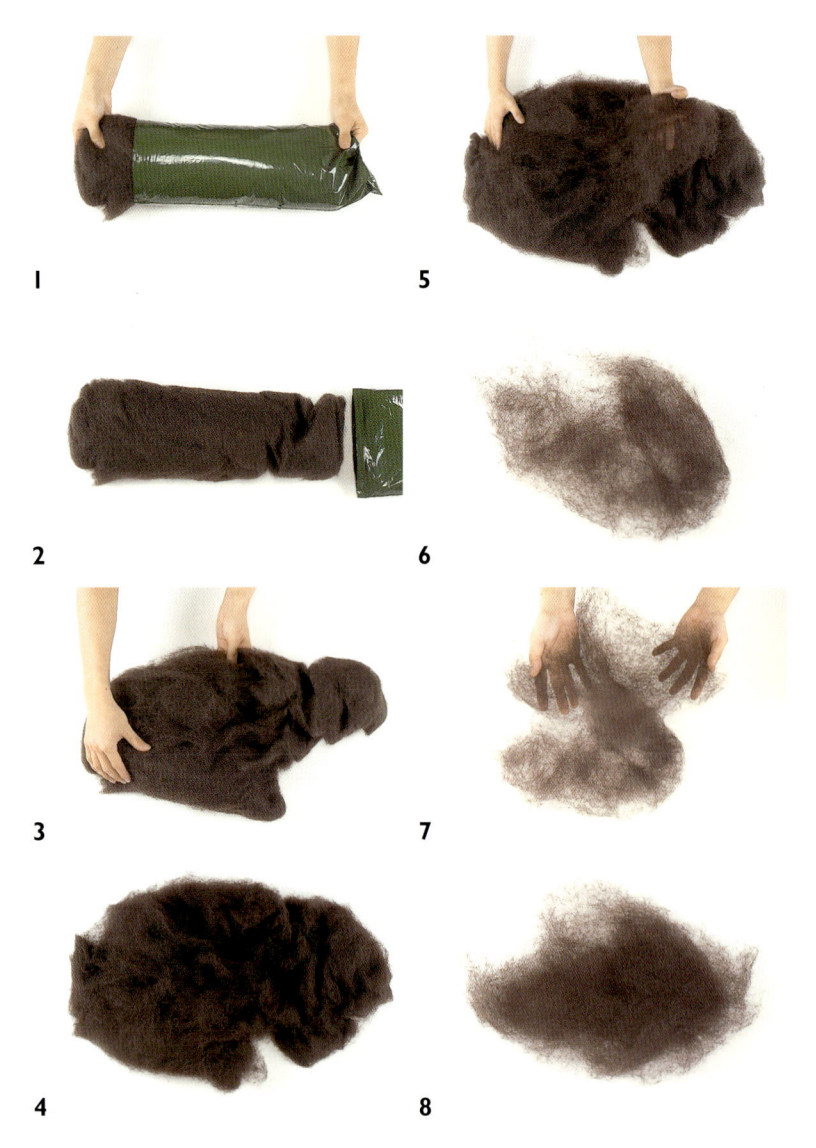

1

2

3

4

5

6

7

8

基本の取り扱い

すき毛は同じ大きさのものをたくさんつくっておき、当日は、状況に応じて何枚か重ねて厚みや大きさを調整すると、慌てず素早く対応できます。

1 すき毛は層になっているので端からむしらずに
2 袋からいったん全部出して
3 できるだけ広げます。
4 かなり広がります。
5 表面からはがしてみると、
6 均一な厚みのすき毛が簡単に取れます。
7 2〜3層重ねて
8 約20cm四方を1単位にしていくつもつくります。これを重ねて用意しておきます。

折って畳んで ふんわりつくる

▶SEE PAGE 86 89

折り紙をつくるように畳んでつくるといろんな形ができるし、硬くないのでピンうちの土台にもなります。

1　基本のすき毛を用意。
2　中心を厚くしたいので、真ん中を手で押さえながら端をちぎって、
3　中心に重ねていきます。
4　端を成型。ここではおにぎり型を作るので、V字にしています。
5　重ねたすき毛をなじませるため、両手で押さえます。
6　両端を折りたたみ、
7　反対側も折りたたんでひし形をつくります。
8　真ん中から半分に折りたたみ、3角形に。
9　側面は中心を厚くしたので、底辺がふっくらしています。
10　できあがり。先をねじって薄くしています。

クルクル回して かたくつくる

▶SEE PAGE 108 110

かたくつくるのは意外と難しい。だから、お箸を使って作る方法を考えました。これは、まげの土台などに使います。お箸でクルクルすると、楽しい気分になってきます。お客さんもスタイルのできあがりが待ち遠しくなるのでは？

1 細長いだ円形のすき毛と取り箸1組を用意。

2 すき毛の端を箸ではさみ、

3 クルクル箸に巻きつけていきます。

4 全体を巻きつけたら

5 手の中で箸を回すとだんだんしまってきます。ここでかたさを調整しましょう。

6 端も手の中で箸を回していきます。こちら側はすき毛が伸びて薄くなります。

7 反対側も同様です。

8 できあがったら、箸を1本ずつ抜いていきます。

9 できあがり。真ん中が硬くて、両端が軟らかくなります。

10 両端を曲げて使います。両端にはピンがうてます。

広げて広げて 平たくつくる
▶SEE PAGE 110

長く使ったり、広く使う場合、薄くしたものを2つ折りに。明るい色の台の上に広げて均一な厚みを作りましょう。表面にハードスプレーをかけるとハリが出て扱いやすくなります。

1 基本のすき毛を明るい台の上に広げます。
2 手ですき毛を押さえながら端をちぎり、薄い部分にのせて均一にします。
3 厚みがある程度一定になったら、ちぎるのは少しずつ様子を見ながら。
4 ここまでのできあがり。
5 両手ではさみ、あとからのせたすき毛をなじませます。
6 両面にハードスプレーをかけて、ハリを出します。
7 ふちの薄い部分はハサミでカットしながら、使いたい形に成型します。
8 細かい切れ端が出るので、ハードスプレーを切り口にかけます。
9 できあがり。
10 2つに折って使います。

逆毛

ボリュームを出したり、毛束を広げたり、繊細な毛先の表情を作ったり。覚えると便利なテクニックです。
からんだ毛を積み上げるように、根元からしっかり立てていくことがコツです。
逆毛をほどくときは、毛先から少しずつコーミングすれば痛くありません。お母様にはこの説明を忘れずに。

ボリュームを出す

▶SEE PAGE 102 104

逆毛のいちばん基本となるテクニック。根元を地肌近くにしっかり立て毛を左右に広げてから、中間部に向かってコームを移動させることでふんわりとした量感をつくることができます。

1 毛束をいくつかのパネルに分けます。毛束の内側、根元に向かって深く短くコームを移動。根元にしっかり逆毛を立てたら中間部に向かってゆったり移動させます。硬い毛にはノーマルタイプのスプレーを。

2 毛束を左右に広げておきます。硬い毛には再びスプレー。

3 パネルごとに徐々に角度をつけていきます。次のパネルも根元中心にしっかり立ててから中間部に移動していきます。

4 最後のパネルまで同様に。

5 クッションブラシの一線だけを使って表面の毛流れを整えます。

6 ノーマルタイプのスプレーを表面にかけ、

7 ふっくらとしたボリュームの出来上がりです。

方向性をつける
▶SEE PAGE 116 124

毛束どうしをくっつけながら方向性をつけるので、毛流れが崩れません。前髪や表面の毛束に使うと便利なテクニックです。量感が欲しいわけではないので、毛束の表面だけが毛羽立つような細かな逆毛を立てます。

1 毛束をいくつかに分け、いちばん下の毛束から逆毛を立てます。パネルは毛流れの方向に持ち、コームの歯を浅く入れて根元を立ててから中間部まで。ボリュームは必要ないのでステムは上げません。

2 スプレーをふりかけ逆毛を固定させます。

3 裏にもふきかけます。

4 最後のパネルまで同様に。

5 表面を整えます。コームの歯先で根元から少しずつ移動させて毛流れを整えます。

6 根元を輪グシで固定して、シングルピンで仮止めしながら方向性をつくります。

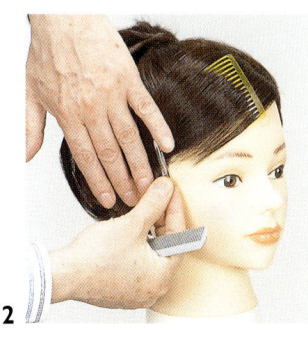

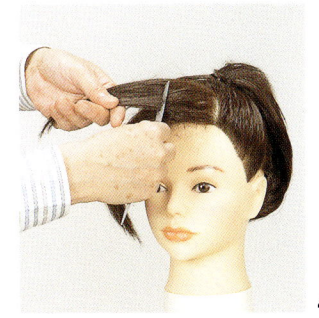

毛束を広げる1

▶SEE PAGE 108 116

根元中心に逆毛を立てることで、扇状に毛束を広げることができます。ゴムで結んだ毛束はカジュアルな印象がありますが、広げると違うイメージをつくることができます。

1　ゴムで結んだ毛束の状態。
2　毛束を細かく取り、裏側の根元に逆毛を立てます。
3　全体に逆毛を立てたら、内側に指を入れて毛束を広げていきます。
4　表面をコーム、またはブラシの側面で整えながら、表面にノーマルタイプのスプレーをふります。
5　できあがり。

毛束を広げる2

▶SEE PAGE 86 88 89

1と同じ方法ですが、毛束を細かく分けて中間部まで逆毛を立てると、ふっくらとした仕上がりに。毛先をまとめて木の葉状にしたものを2つに折ったりねじったりして、量感のあるまげや前髪に利用します。

1　根元にしっかり逆毛を立て、徐々に中間部までコームを移動させていきます。
2　表面をコーム、またはブラシの側面で整えて、
3　毛束の裏と表にノーマルタイプのスプレーをふります。
4　毛先を結べば、木の葉型の毛束のできあがり。

毛先を散らす

▶SEE PAGE 89 128

透明感のある毛先、勢いのある表情をつくるときには、毛先中心に逆毛を立てます。立てる場所や強弱によって、いろいろな表情が出てきます。

1 立ち上げた毛先に逆毛を入れます。

2 毛束をつまみ、コームの先を使って立ち上がりの根元に逆毛を立てます。透明感を出すなら、根元の逆毛だけを残し、表面や中間、見える部分はコームの先や歯先を使ってからまりをとります。

3 毛先の表情が決まったら毛束ごとにハードスプレーをふり

4 部分的に毛先をねじって

5 できあがり。

毛先のハネ固定
▶SEE PAGE 89 128

仕上げの段階での毛先の表情づくりには、ハードタイプを使用します。部分的に、少しづつつけるのがうまく固定するポイントです。

1 逆毛などで毛束を広げて、毛先の表情をつくります。
2 立たせたい位置が決まったら毛先をつまんで、写真よりも離れた位置からスプレーをひとふき。一呼吸置いてから指を離します。

ハリ・ツヤ・クセづけのために
スプレーの扱い方

この本では、ノーマルタイプ、ハードタイプの2種類を使っています。
ノーマルタイプは毛束にハリ、ツヤを出したり、カーラーで巻くときのセット剤として、
ハードタイプはフィニッシングとして最後のキメに使っています。(SEE PAGE 83)
写真のスプレーは撮影用に近づけてあります。実際には20cmくらい離してください。

スプレーしたらすぐコーム

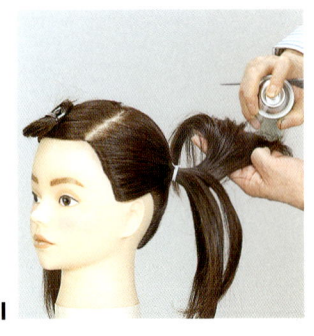

毛がもつれたまま乾いてしまったあとで、コームを入れたらつれて痛い。コーミングしておくとツヤが出て仕上がりもきれいです。省略せずに習慣づけてください。

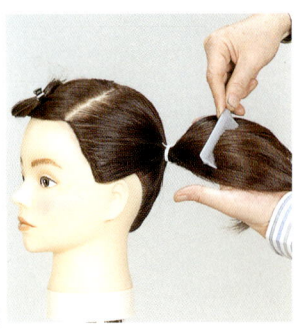

1 毛束にまんべんなくノーマルタイプのスプレーをふりかけます。
2 次の作業に入る前に、必ずコーミングをして、いったん毛流れを整えてから次のステップに進みます。

カーラーを巻く前に

毛束にある程度のハリを出し毛束を扱いやすくします。子供や細い毛の人にはおぼえておくと便利なテクニックです。スプレーはメーカーや使用量によって違うので、加減してください。

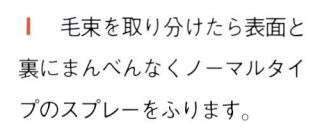

1 毛束を取り分けたら表面と裏にまんべんなくノーマルタイプのスプレーをふります。
2~3 スプレーが乾く前に、ホットカーラーを巻きつけます
4 カーラーがきくまでこのまま放置。
5 巻き上がり。

ストレートアイロン前に

▶SEE PAGE 87 122

せっかくのストレートタッチですから、事前にノーマルタイプのスプレーをプラスして、ツヤとハリを強化します。アイロンにスプレーが付着するので、使用後はぬれタオルをプレスしてふき取りましょう。

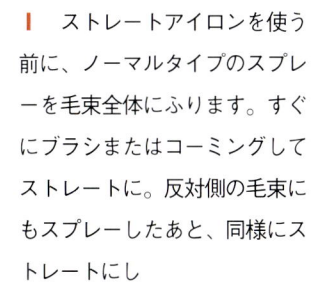

1 ストレートアイロンを使う前に、ノーマルタイプのスプレーを毛束全体にふります。すぐにブラシまたはコーミングしてストレートに。反対側の毛束にもスプレーしたあと、同様にストレートにし
2 スプレーが半乾きになったらアイロンを3束に分けてスルーさせ、ツヤ感とハリ感をアップさせます。
3 できあがり。

ふわふわを
キープする
▶SEE PAGE 94 96 104

引き出したループを横に倒したり、前後にずらしたりして、Uピンづかいで最後の調整を。軽さや透明感がキープできます。

1 引き出したループの位置を前後左右に動かして調整したら、Uピンをさして仮固定。
2 仮固定が終わったら、ループの根元中心にハードスプレーをふります。
3 スプレーが完全に乾くまで、ピンは抜かずにこのままキープ。

束感をキープする
▶SEE PAGE 102

毛先の表情はまとめ髪の印象づくりに重要です。逆毛を立ててせっかくつけた毛束の勢いを長持ちさせるために、Uピン＋ハードスプレーで固定しておきましょう。

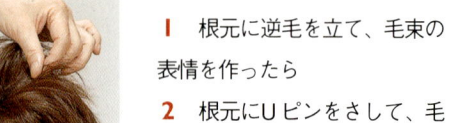

1 根元に逆毛を立て、毛束の表情を作ったら
2 根元にUピンをさして、毛束の立体感をつくります。
3 ハードスプレーを根元中心にふきかけ乾いたらピンを抜きます。

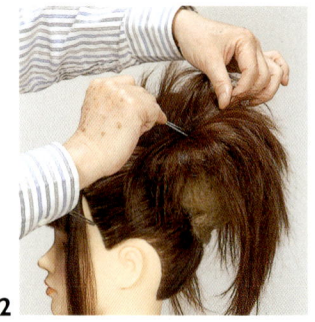

表面を整える、質感をつくる
Uピン、
輪グシの扱い方

面をきれいに作りたいとき短い毛が飛び出してきても、Uピンや輪グシを使うとうまく成型できます。
このテクニックを知っていると、
短くて飛び出す毛があってもきれいな質感や毛流れに処理できます。

80

面を整える1

▶SEE PAGE 86 133

ちょっと長さが足りなくても、毛の立ち上がりをUピンでおさえてスプレーするだけで、きれいに、しかも持ち良く仕上げることができます。

1 届かなかった毛を、まげの根に近いところからUピンで仮固定します。
2 コームで毛流れを整え、
3 まげの端はテールで整えてからUピンで仮固定。
4 まげの上からと下からと、交互にピンでおさえてノーマル、もしくはハードスプレーをふります。
5 スプレーが充分に乾いたらピンをゆっくりはずします。

面を整える2

▶SEE PAGE 110

広い面を整える場合は、輪グシを使うと便利です。輪グシは固定力があるわけではないので、ある程度形を決めてから、スプレー前のフィニッシュに。

1 形をつくるときには、ダッカールでしっかり仮どめしましょう。
2 ダッカールのままだと跡がつくので、形が決まったら輪グシにチェンジします。
3 スプレーをふって毛流れを固定させます。

GOROの道具

1 ブラシ、コーム

いつも使っている3点セットです。まとめ髪にクッションブラシを愛用しています。くし目が自然な感じに出るので気に入っています。コーム2点はメーカー不詳。ずっと使ってます。テールコームはあまりしなわず逆毛が立てやすいし、日本髪のようにきれいにくし目を入れたいときにも大活躍。荒歯コームはループを引き出すときの筋目づけに使いました。

2 ビニールの輪ゴム

カラフルな色がたくさん出回っています。子供用のヘア飾り売り場にも必ずあるもの。仮どめしておいても跡がつかないし、毛先など、部分的に使うのにおすすめです。一般商品ですが、便利なものはプロも使いましょう。

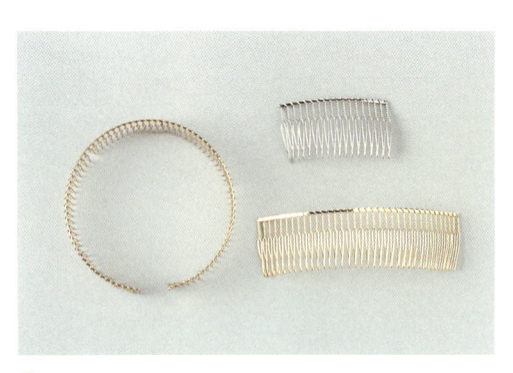

3 スプリングコーム

顔周りをタイトにしたいときに使っています。先が丸くなっているので痛くない。大、小いろいろなサイズがあるのでいくつか揃えておくと便利。コサージュやリボンをとめつけて、髪飾りにするとオリジナルがつくれます。

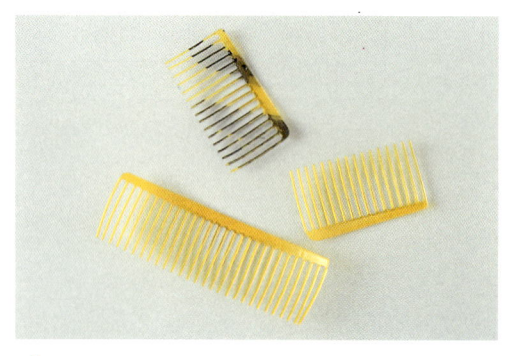

4 輪グシ

毛流れを作るとき、根元をこれで仮どめしておきます。前髪などの毛流れづくりには特に有効です。頭の丸みに合わせて2つをずらして使ったりします。やわらかいので折れやすいのですが、折れても捨てずにカドを丸めて再利用しましょう。

あまり道具に凝るほうじゃないけれど、いろいろ試してみて、使い勝手の良いものばかりが手元に残っています。
今回のまとめ髪で活躍した道具を紹介します。

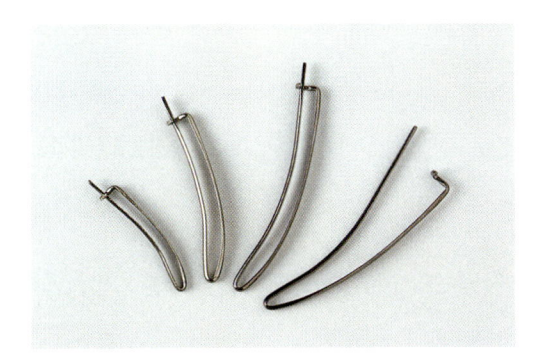

5 カギピン

花嫁のかつら下地に使うもの。正式な使い方とは違うのでしょうが、立ち上がりをつけるのにはこれがいちばん。一ヵ所に髪を集めるので、根元の立ち上がりが強く出ます。中途半端な長さでも、少ない毛量でも、大きなまげができるので持っていると便利です。

6 ウエーブクリップ

最近、昭和モダンがとても新鮮に感じるのでフィンガーウエーブが復活です。ウエーブクリップなんてずっと持っていなかったのですが、問い合わせたら、まだまだ製造していました。アルミ製で軽いので、お子様にも充分使えます。ちょっといい加減なくらいでもかわいらしい質感ができあがります。

7 スタイリング剤

スタイリング剤もあまりたくさんは使いません。今回使ったのは次のもの。参考にしてください。

- カムアップ　ピンカール　ムース(タマリス)

ツヤがあってツルっとした質感でまとめたいときの、ベースに使用。ドライな質感は、何もつけません。

- エラボ　アンセティッド　ヘアスプレー　ノーマル(タマリス)

ハリ、ツヤのために使用。カーラー前や毛束をまとめる前、などに使っています。子供や大人の細い毛には、ノーマルタイプのスプレーを使うと、ハリが出て扱いやすくなります。スプレーしたあとでもコームを入れることができます。

- エラボ　アンセティッド　ヘアスプレー　ハード(タマリス)

最後のキメ。全部できあがって最後のディテールをとめたいときにひと吹き。たくさんは使いません。シュッとひと吹きです。ハードタイプはスプレーしたらコームを入れることはできません。

- ディーズセレクト　スタイリングワックス250番、15番(タマリス)

毛先にツヤやハリを出したいとき使用。ほんの少しだけ手にとって部分的に。

着物 ¥58,000、帯 ¥63,000、紫色バッグ ¥5,800／撫松庵(新装大橋)　左髪飾り・赤ちりめん花付ピン(3本セット) ¥3,500、赤ちりめん花リボン髪飾り ¥5,800／撫松庵(新装大橋)
真ん中髪飾り・ダリアコサージュ ¥16,000／アトリエ染花

Step by Step

「サイドをタイトに」がすべてのスタイルの共通点。
土台はすべてゴムで結んでいます。
たるまず、ゆるまずゴムが結べたら、あとはちょっとしたコツをプラスして。
全体のバランスももちろん大切ですが、写真に残る七五三です。
特に、お顔まわりに気をつかってください。

STYLE A

大きなリボンのようなまげで愛らしく
ゴムでしっかり結わくので
元気に動いてもだいじょうぶ。
長く残した前髪がアクセントに。

Page6

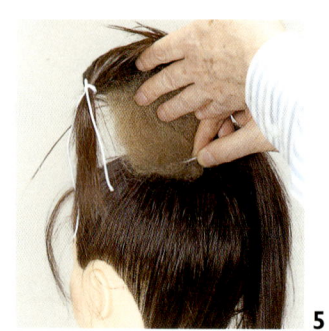

86　長さ／できれば肩以上　量／普通〜多　質／普通〜硬

1　前髪を分け取り、残りは頭頂部の高い位置で一束にまとめます。

2　根元のゴムは少量の毛束を巻きつけかくし(Back to PAGE 69)、テールを2等分します。

3　等分した毛束の根元をそれぞれゴムでしばり、毛束を木の葉状に整えます(Back to PAGE 76)。毛先に結んだゴムは長く残しておきます。

4　おにぎり型につくったすき毛を2つ用意(Back to PAGE 71)。

5　すき毛の薄いほうを根元にアメピンでとめつけます。

6　毛束ですき毛をかくすように後ろにむかってたたみ、毛先に残しておいたゴムを根に巻きつけます。

7　根にしっかり結びます。

8　毛束を広げてすき毛をかくします。

9　毛流れをコームで整えながら、飛び出す毛をUピンで仮どめします(Back to PAGE 81)。

10　根元から毛先に向かって毛流れを整えUピンで仮どめします。ノーマルタイプのスプレーを表面にふっておきます。

11　反対側の毛束も同様に、木の葉型を作ったらおにぎり型のすき毛を巻き込んで毛先に残したゴムで根に結びます。

12　Uピンで仮どめをしながら毛流れを整えておきましょう。

13　まげを立ち上がらせるため、まげの下側をアメピンの先で内側のすき毛も一緒にすくったら、根にピン先をさし、ピンを倒しながら地肌に対して平行になるよう根にさし込みます(Back to PAGE 68)。

14　根元に1本ピンをうつだけでまげが立ち上がります。

15　後れ毛は少しずつ表面になでつけハードスプレーで固定します。全部は上げずに少し残しぎみが子供らしくてかわいい。

16　前髪は毛束をいくつかに分け、全体にノーマルタイプのスプレーをふったら、すぐコーミングをして

17　ストレートアイロンを。毛束を一度にストレートすると浮きやすい。根元はあけて、取り扱いに充分に注意してください。

18　毛流れを整えたら根元に輪グシをさして固定します。

19　カラーのスモールピンを少しづつずらして、

20　表面にもとめつけ、前髪の毛流れを固定します。

STYLE B

3つのまげは立ち上げず違う印象を。
毛先に立ち上がりや方向性をつけ
アクセントにして華やかさをプラス。

Page 17

STYLE Aからの応用です。まげがAよりも小さくなるので、逆毛は根元のみ、まげを立ち上げないのですき毛も使用していません。

1 前髪を残し、残りは一束にまとめてゴムを毛束でかくしておきます。一束を3つの毛束に分け、それぞれの根元をゴムでまとめておきます。

2 毛束にノーマルタイプのスプレーをまんべんなくふりかけ、ツヤを出します。根元に逆毛を立てますが、軟らかい毛の場合は、ストレートアイロンで板状に伸ばしておきましょう。ゴムを結んだ毛先はコーミングしてスプレーをふっておきます。

3 毛束をそれぞれ2つに折り、毛先に残したゴムで根に巻きつけます。ピンと出てくる短い毛は、ここでは気にしません。

4 前髪の毛流れを整えたら根元に輪グシをさし固定。中間からゆるく平たい三つ編みにします。

5 毛先をゴムで結び、折り目を指でおさえながら毛先をまげの根元でとめます。

6 折り目は浮きやすいので、スモールピンをクロスにうちます。

7 毛先や、飛び出した短い毛にはワックスをつけ、立ち上がりや方向性をつけアクセントにします。

8～10 できあがり。

長さ／できれば肩以上　量／普通～　質／細～硬

STYLE C

大きさや位置をあえてそろえずに。
トップがフラットになるので、
毛先や飾りで高さを感じさせて。

Page19

STYLE Aからの応用です。前髪は小さく、サイドは平たく、後ろは位置をずらしてリズム感を出しています。

1 前髪、サイド、バック。大きさをそろえずに5つに分け取ります。それぞれの根元から中間にかけて逆毛を立て毛束を広げたら、毛先を結んでゴムを長く残しておきます。

2 前髪はそのまま折り返しゴムで結わきます。サイドはハリを出したいので薄くおにぎり型のすき毛を挟みます。バックはすき毛を入れなくても可。毛が細い人の場合はすき毛をプラス。

3 前髪は、浮きをおさえるため内側に指を入れ、おさえながら内側から生え際近くにアメピンをうっておきます。

4 サイドも浮かないようにすき毛をかませながら左右からアメピンをうちます。

5 毛束を広げてすき毛を隠します。

6 毛先に逆毛を立て毛束を広げます。

7 方向性をつけたいときや、長さを調整したいときは、ピンをクロスにしてとめます。毛先があまり長いときは一回転させてピンをうちます。

8 毛先の表情が決まったらハードスプレーをふきかけ、

9 ねじってストレートに立たせます。

10 できあがり。ゴムはそのまま見えてもいいし、色ゴムにしたり細いリボンを結んでもかわいいです。

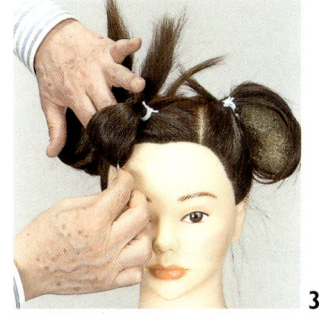

長さ／できれば肩以上　量／普通〜　質／細〜硬

ほっぺたのように前髪をふっくらと。
それが、かわいさを引き立てます。
うしろの結び目に、
2本どりの色ゴムを加えてちょっと和風味。

Page13

90 ｜ 長さ／ミディアム、長すぎは不可　量／普通〜　質／細〜硬

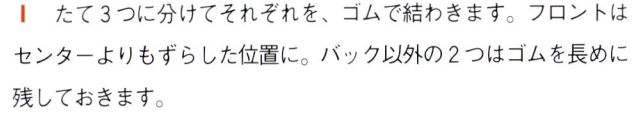

1 たて3つに分けてそれぞれを、ゴムで結わきます。フロントはセンターよりもずらした位置に。バック以外の2つはゴムを長めに残しておきます。

2 バックの結び目に色ゴムを2本どりにして結わき、この毛束を前に倒して真ん中の毛束と合わせて、残しておいたゴムで一緒に結わきます。

3 真ん中の毛束の結び目に色ゴムを2本どりにしたものを結んだら、同様に真ん中の毛束も一緒に前に倒してフロントの毛束と合わせます。

4 フロントに集めた毛束にまんべんなくノーマルスプレーをふり、太いカーラーで根元から巻きます。

5 巻きあがり。前髪のふっくらとした丸みと方向性が欲しいので、強いカールは必要ありません。

6 毛束を3つに分け、内側の根元中心に逆毛を立てます。毛束は必ず流す方向に持ちましょう。残りの毛束も同様に逆毛を立てていきます。

7 すべてを合わせたら、クッションブラシで表面の毛を整えます。根元から広がって木の葉型になります。

8 形がきまったら、いったんダッカールで根元を仮止めして、3つに分けた毛束をひとつにまとめてください。

9 毛先近くにゴムを2か所結びます。カラーゴムなら見えてもかわいい。どのあたりでとめつけたらいいか、前髪のふくらみや額にかかる分量と、とめる位置を決めます。

10 とめる位置の表面にスモールピンを地肌近くまで深くとめ、そこに毛束のゴムの間からスモールピンをもう1本クロスさせます。

11 前髪の表面にノーマルタイプのスプレーをふります。

12 表面の短い毛を選んでコームの先で少し浮かせ、そこにワックスで表情をつけます。

13〜15 仕上がり。前髪をとめたゴム位置に飾りをつけます。あまり重たいものは不可。房などがついたゆれるタイプならより華やかな印象になります。

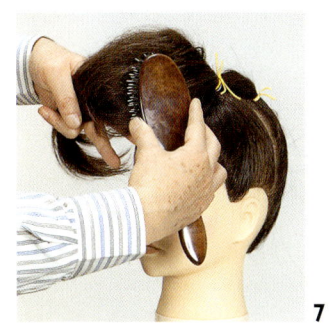

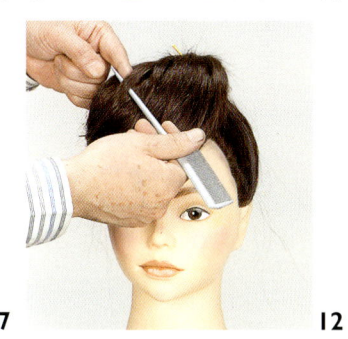

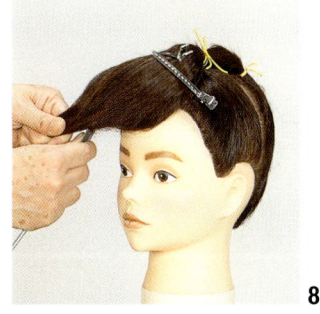

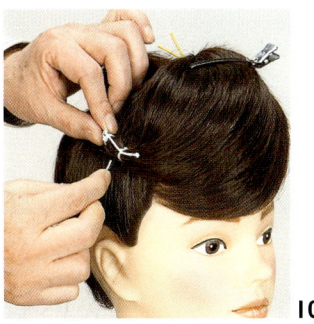

91

ボリュームのある
ふんわり前髪がポイント。
後ろは[夜会巻きもどき]で本格風。
土台はゴムでまとめてあるので崩れにくく
実用的で華やかなスタイルです。

Page26

1
2
3
4
5
6
7
8
9
10

92 ｜ 長さ／肩下15cm以上のロング　量／少〜　質／細〜普通

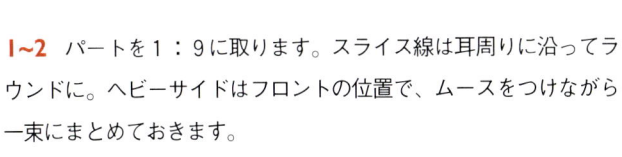

1~2 パートを1：9に取ります。スライス線は耳周りに沿ってラウンドに。ヘビーサイドはフロントの位置で、ムースをつけながら一束にまとめておきます。

3 ライトサイドにもムースをつけ斜め上に毛流れを整えます。

4 毛流れが整ったら手のひらでおさえながら、毛束をたてにねじっていきます。

5 ねじった毛束に沿いながら、土台の地肌近くまでアメピンをしっかりうちます。

6 もう一本、ピンをたてにうちます。

7 ねじった毛束の先をゴムで結び、

8 根に回してピンでとめます。長さがある場合、ねじりながら根に巻きつけましょう。

9 前髪にカーラーを巻きます。巻く前にノーマルタイプのスプレーをふり、根元巻き。

10 巻き上がり。全体にふんわり立ち上がりがついています。

11 毛束をいくつかに分け、毛束の内側の根元中心にしっかり逆毛を立て、毛束に広がりとボリュームを出します。

12 ふんわりとしたまげの形を整えたら

13 毛先だけを横にねじって

14 表面を軽く引っ張って、わざとでこぼこをつくります。

15 毛先をゴムで結んだら、

16 ゴムにピンを引っかけながら、根にうちます。

17 指先を生え際近くまで差し入れその位置にしっかりピンをうちます。

18 17でとめたピンとクロスするように、もう1本うちます。

19 ボリュームがあってふんわりしたまげのできあがり。

20 まげのゴムがかくれないときは、リボンや飾り紐でかくしましょう。[さがり]のついたかんざしで華やかさを。

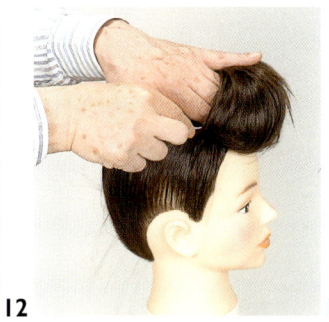

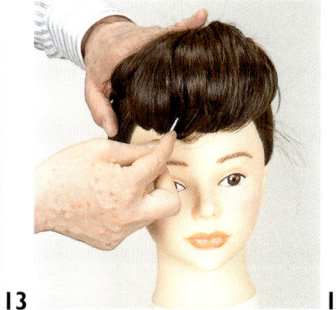

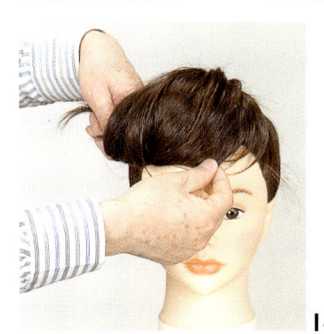

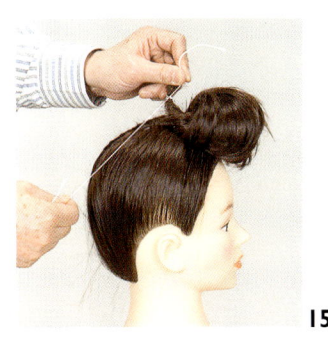

ふんわり軽やかなカール感。
クルンとまるく
フレンチクルーラーのように。
ループの引出しは大きく、がコツ。
長い髪、多い髪に向いてます。

Page8

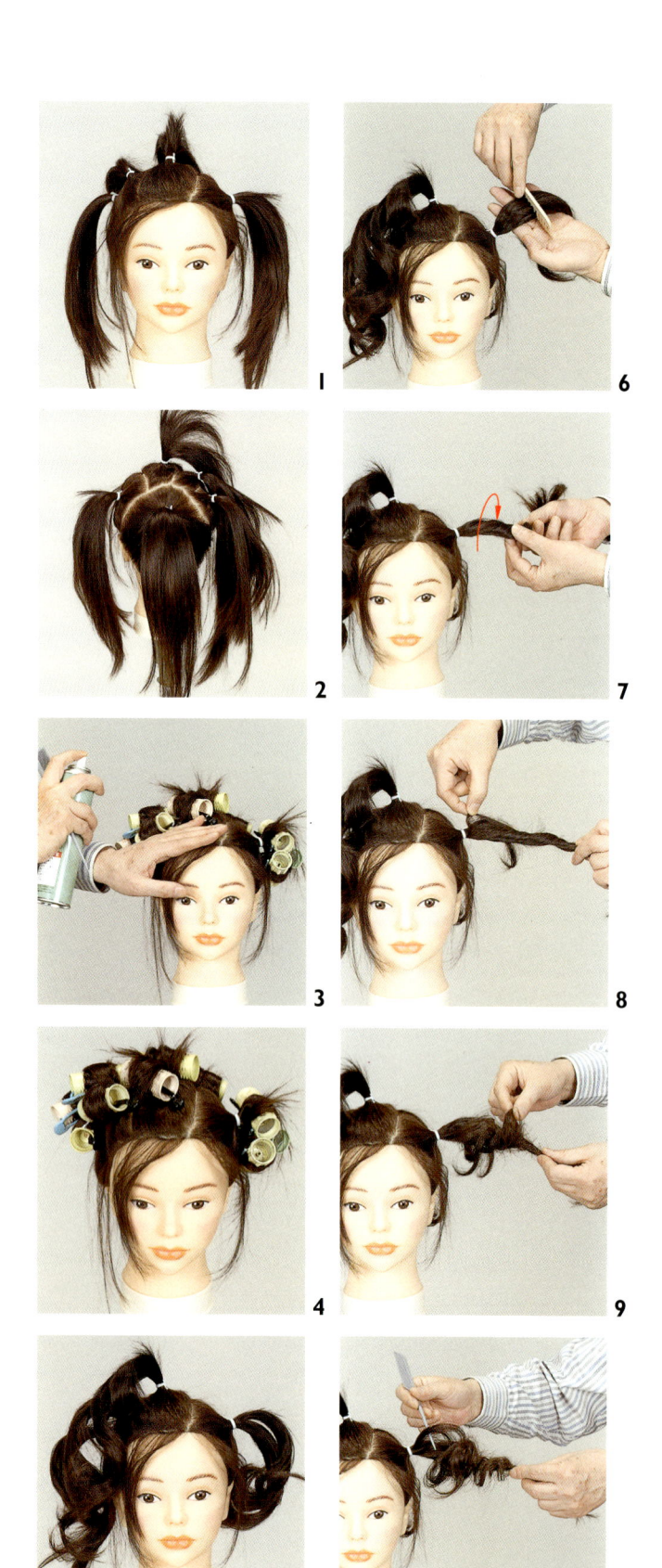

94　長さ／肩下15cm以上のロング　量／普通〜多　質／細〜普通

1〜2 バックはラウンドに取り分けクラウンで結びます。フロント側は不規則に4つに分け、それぞれ結んでおきます。ふんわり感を出したいので、ここではムースなどセット剤はつけません。

3 それぞれの毛束をカーラーで巻きます。巻き終わったら、ノーマルタイプのスプレーを軽く振ってハリを出します。

4 ここでのポイントは、必ず根元巻きすること。毛先から巻いてしまうと仕上がりがゴロゴロになって、ふんわりと仕上がらない原因になります。

5 目指すカール感はこのくらい。ループを引き出すにはこの程度が扱いやすいです。

6 目の荒いコームで毛先までとかし毛束に筋をつけます。カール感を損なわないため、コームを入れるのは1度だけ。

7 毛束をねじります。時計回りに2〜3回きつめにねじったら

8 6で入れた筋目を何本か引き出します。引き出したとき毛束がはずれてもあとでフォローするので気にしない。思い切り引き出すと仕上がりがかわいくなります。

9 再び時計回りに数回ねじり、

10 同様にループを引き出します。コームの先でループを整えます。

11 毛先はゆるめず持ったまま、ハードスプレーでループを固定します。

12 毛先にゴムを結んだら、時計回りにクルンと回します。

13 ピンをうちます。毛束をひっかけながら、地肌近くまでアメピンを深くかませて根にとめつけます。

14 ループを引き出したときはずれた毛束に逆毛を立て、表情づくりを。

15 ループを前後左右に動かして広げ、Uピンで仮どめしておきます(BACK TO PAGE 80)。

16 ハードスプレーをループの根元中心にふりかけ固定。残りも同様につくります。

17 バックも同じようにねじってループを引き出します。

18 ループを広げて表情を整えます。

19〜20 お顔立ちにあわせて、左右のボリュームや高さを調整してください。後れ毛やうぶ毛も生かしましょう。

STYLE A

縄編み＋ループの組み合わせは
ねじる方向がポイントです。
芯がとても硬いので
ちょっと重たいかんざしでもOK。

Page28

長さ／肩下15cm以上のロング　量／普通〜　質／細〜

1 耳後ろから2つに分け、後ろはゴムで結んでおきます。

2 前は細めのホットカーラーで根元巻き。カーラーで巻くのは、ループにツヤとふんわり感を出すためです。

3 カーラーをはずしたら3つに分け、左右を耳上に、真ん中はセンターにそれぞれ結びます。

4 後ろの毛束は三つ編みにして、

5 根に巻きつけ、おだんごにまとめておきましょう。

6~7 縄編みをします。結んだ毛束を2等分し、2本の毛束を同方向に数回きつくねじります。

8 このようにねじったら

9 手元をゆるめず、ねじりと逆向きに2、3回交差させます。同方向に交差させると、ねじりがゆるんでしまいます。

10 あらゆる方向からループを引き出します。大きめに、ゆったり引き出すとかわいい仕上がりになります。

11 再び毛束を同方向にねじり、ねじりと逆向きに交差させたら、

12 ループを引き出していきます。

13 できあがりです。写真のようにやや不規則に、大きく引き出すのがコツです。

14 毛先をビニール製の輪ゴム(BACK to PAGE 82)で結び、毛束を振ってふんわりさせ、ノーマルタイプのスプレーをふりかけます。

15 根元で折り返したら、

16 反対側の根にピンでとめます。折り返した点がボリュームポイントになります。

17 折り返したところにもピンをとめて固定させます。反対側も同様に。

18 真ん中の毛束も縄編みにしてループを出し、バックのおだんごの上に巻きつけます。おだんごはかくさなくても可。

19~20 できあがり。

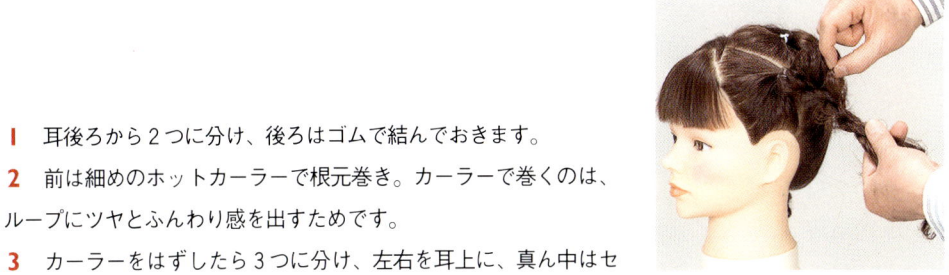

97

STYLE B

まるくまとめて、片側に下ろして。
縄編み+ループのアレンジです。
ベルベットのリボンを結んで
ちょっとなつかしいイメージに。

Page46

STYLE Aのアレンジです。

1 大きめのホットカーラーで根元から巻き下ろします。
2 まず、フロントとバックの2つに分けます。フロントにまげをつくる側は耳後ろからスライスを取り、
3 縄編みを下ろすほうは耳の前にスライスを取ります。
4 フロントはゴムで結び、バックセクションは毛束を2等分して、ネープ側はゴムで結んでおきます。
5 フロントは、縄編みをしながらループを出し、ループが立つようにおだんごにまとめておきます。ネープに結んだゴムにはリボンを結びます。
6 バックセクションの毛束2本を同じ方向にねじり、
7 それとは反対の方向に交差させループを引き出します。
8 下ろす方向に向かって編んでいくとうまくいきます。

98 | 長さ／肩下10cm以上のロング　量／普通〜　質／細〜

colum 1
お飾りについて

　今回は、大人の髪飾りやコサージュをたくさん使いました。成人式などはヘアがコンパクトになっているので、大人用なのに小ぶり。お子様にも充分使えます。

　コサージュは、ヘアにつけても華やかさが出せるのでおすすめ。できれば事前にお借りして、スプリングコームをピンの部分にゴムで数カ所とめておくと髪にとまりやすくなります。髪につけるときは、葉の部分と髪をアメピンで一緒にとめれば、安定感はさらに増します。

　コーム付きのくしかんざしは、つける向きに合わせて飾りの位置を微調整しましょう。売り場では平台に置かれているので、真上から見たときれいなように飾りが上向きになっています。ほとんどがワイヤーでつけられているので、簡単に動かせます。見栄えが良くなるので、お客様にお断りの上、ぜひ。

　かんざし類は、動いても落ちないように根にしっかり挿せることが使用の条件。七五三用のお飾り、いわゆる3点セットは日本髪用なので、ここで紹介しているヘアよりも、大きくまげを結わないとバランスが取れず落ちてしまいます。今回は、ばらして1点づかいにしました。

Back+side shot

バックのボリューム

左・前から見たときにボリュームがハチ上にある場合、後ろは後頭部のでっぱり部分にポイントをもってくるとバランスがとれます。中・前から見たとき、耳上にボリュームがある場合、ネープラインに沿ってまとめると、かわいらしくなります。右・まげが大きい場合、ボリュームは耳上まで。大きくてもすっきりとした印象になります。

サイドの毛流れ

左・ツヤがあって小ぶり、高い位置にあるまげに対して、サイドの毛流れを上げたことで、キリリとした印象に。中・ふんわりとした大きいまげにサイドの毛流れを上げすぎると、粋になります。やや上向きくらいのラインで軽さを強調。右・ダウンスタイルの場合。ゴールデンポイントに向かってきっちり毛流れを作ったほうが、きちんと感が出せます。

STYLE A

カギピンで一ヵ所に髪を集めて
ボリュームのあるまげを。
逆毛をしっかり立てふんわりと。

Page35

1　クラウンで一束にまとめ、根元に逆毛を立てます。毛量が少ないとカギピンの中で泳いでしまうので、逆毛で厚みの調整を（BACK TO PAGE 83）。

2　根元を前に折り返します。

3～4　カギピンを地肌近くまで深く通したら、指を添えて

5　とめつけます。痛くないので一気にいきましょう。

6　鏡餅の形にまとめたすき毛は、あとから毛先をとめるのでネットをかぶせた上、根元にとめつけます。

7　折り返した毛束の根元に内側から逆毛を立てます（BACK TO PAGE 74）。

8　表面近くにもしっかり逆毛を立てたら、

9　毛先中心にハードスプレーをふって方向性を出します。

10　毛束をつまんで根元にUピンをさし、表面を立体的に仕上げハードスプレー（BACK TO PAGE 80）。毛束の内側にもスプレーしてハリとボリュームをキープします。

11～12　毛先をゴムでまとめ、こはぜ返しのとめ方で（BACK TO PAGE 68）すき毛にアメピンをうちます。

13　サイドの髪に少量のワックスをつけ表情をプラス。

14～15　できあがり。

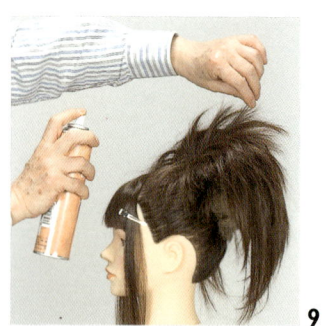

102 ｜ 長さ／あご以上　量／少～　質／細～

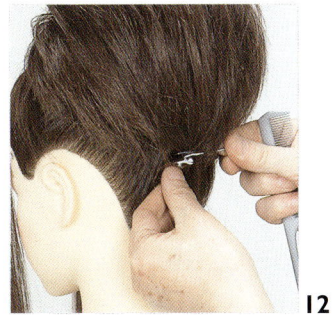

STYLE B
やや小ぶりなまげ。
扇状に広がった毛流れがきれいな
ツヤのある仕上げを。

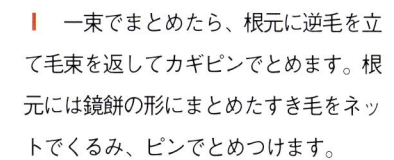

Page43

1 一束でまとめたら、根元に逆毛を立て毛束を返してカギピンでとめます。根元には鏡餅の形にまとめたすき毛をネットでくるみ、ピンでとめつけます。

2 毛束を木の葉状に広げ（BACK TO PAGE 77）、毛先をゴムでまとめたらすき毛にとめつけます。輪グシで仮止めしながら毛流れを整えます。

3 できあがり。

STYLE A

土台をしっかりつくった上に
表面のみふわっとカールを散らして。
あまり毛先を遊ばせないで
大人っぽいコーディネート。

Page37

1

2

3

4

5

104 | 長さ／できれば肩下10cm以上　量／普通〜　質／細〜普通

1　高い位置で一束でまとめたら、毛束の⅓弱の量に細いカーラーを巻きます。根元巻きと毛先巻きをミックスさせて。
2　写真のようにカールをしっかりきかせます。
3　毛束を少量取り分け、根元のゴムに巻きつけておきます（BACK TO PAGE 69）。
4　巻いていない毛束の根元中心に逆毛を立て、ボリュームを出します（BACK TO PAGE 74）。
5　表面をクッションブラシのカドで整えノーマルタイプのスプレーをふっておきます。
6　鏡餅の形にまとめたすき毛を根元にピンでとめつけます。
7　毛先はゴムでまとめ、すき毛の上にのせたら、
8　毛先をねじりながら横にしてこはぜ返しでピンをうちます。上にも2ヵ所うってしっかりとめます。
9　土台とシルエットのできあがり。
10　巻いた毛を、後ろに2つ、両サイド、前に1つに分けます。この時点でできあがりをイメージしておきましょう。
11　後ろの毛束から。根元に逆毛を立て毛束を広げ、
12　表面の毛をコームですくいながら、
13　毛先は下げます。
14　すると、根元のカールが浮いてきます。中間も同様に、
15　コームで毛をすくいながら毛先を下げてます。

105

16 浮かせたカールを指で広げて、透け具合を調整します。
17 もうひとつの毛束も同様につくったら、オニピンをさして固定します。
18 サイドも同様です。逆毛を根元に立て、表面の毛をコームですくったら、
19 同時に毛束を下げ、カールを浮かせます。
20 中間から毛先は指で上下に広げて透け感を出します。
21 透け感が決まったら、ノーマルタイプのスプレーをふっておきます。
22 前にたらす毛束も同様につくります。
23 いらないボリュームはオニピンでおさえておきましょう。
24 毛先のポイントにハードスプレー。最後に全体にハードスプレーをふってカールを固定します。
25 できあがり。えり足とサイドがもたつかないようにタイトにし、カールは土台に散らしましょう。

STYLE A
ふわふわを
2つに分けて元気なイメージ。
毛先もうんと遊ばせて。

Page22

STYLE Aからの応用。毛束を2つに分け、あとの作り方はまったく同じです。こちらはかわいらしい印象になるよう、毛先のカールを多めに散らしました。土台がしっかりしているので、どんな髪飾りも使えます。3歳児は、STYLE Aと同じようにまげを1つに作りましたが、毛が細く量も少なくカールも遊ばせているので、違った印象に仕上がっています。

長さ／できれば肩下10cm以上　量／普通〜　質／細〜普通

内巻きボブ風。
こはぜ返しのピンうちがコツ。
たった数本で、
きれいにまとめることができます。

Page30

108 | 長さ／できれば肩下15cmくらいまで。あまり長いのは不可　量／少～　質／細～硬

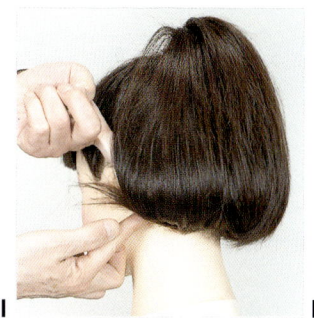

1　イア・トゥ・イアで分けたフロントの髪を上で結びます。

2　後ろの髪を耳上を通るラインで２つに分け、下の髪を横に編み込みます。

3　編み込みの上にピンうちの土台として、アメピンを数ヵ所とめておきます。

4　編み込みのテールを折り返して、土台のできあがり。

5　すき毛を均一に厚くしたものを用意。ふんわりと半分に折り、

6　土台にアメピンでとめつけます。このとき、土台よりもやや下にはみ出すようにつけましょう。

7　毛を下ろします。フロントで結んだテールは、根元のゴムを毛束を巻きつけ、こはぜ返しのピンうちで根を立ち上げます（BACK TO PAGE 69）。

8　テールの内側の根元に逆毛を立て、毛束を広げます（BACK TO PAGE 76）。

9　ノーマルタイプのスプレーをふりツヤとハリを出します。

10　ここまでのできあがり。

11　毛先を内巻きにしていきます。毛流れを整えたら、コームの先で毛束をすき毛の内側にたくしこみ、

12　一方の手で毛をおさえながら、こはぜ返しのピンうち（BACK TO PAGE 68）。ピンを開かずに表面の毛をはさんだら、

13　ピンを倒して、土台に差し込みます。端からピンをうったところまでは、これでしっかりとまっています。

14　同様に毛を内側にしまいこみながら、ピンをうちます。真ん中まで４本くらいとめつけたら、

15　反対側からも同様に。

16　残った毛を内側にたくし込みながら、

17　ピンうちしていきます。

18　フロントのテール部分を少量取り分けハードスプレーをふり、

19　コーミングしたらひと呼吸おき、ふわっと浮かせます。

20　できあがり。くしかんざしはつけやすいです。

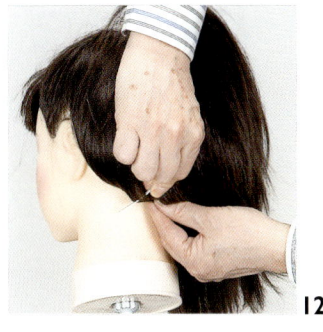

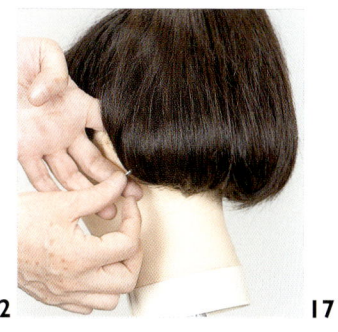

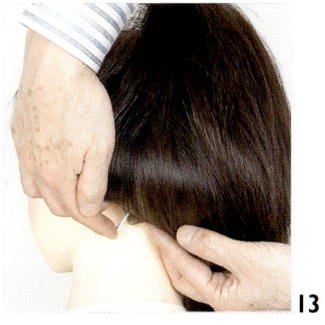

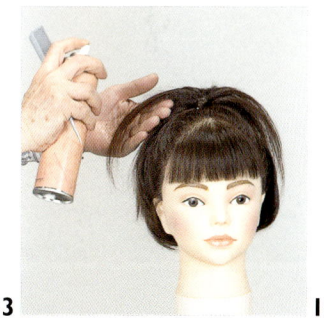

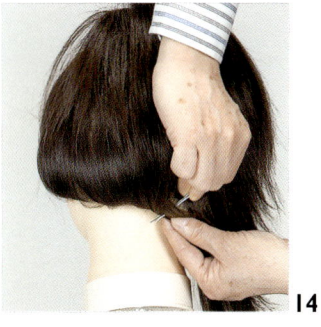

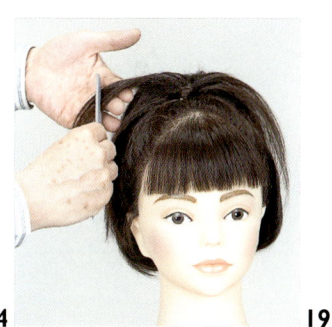

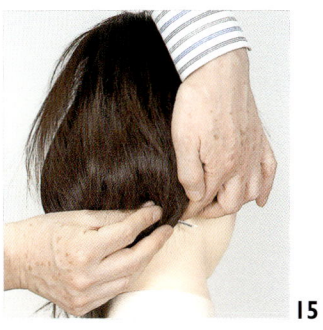

女優、吉永小百合さんの
映画で提案した
GORO流「新日本髪」。
耳上にボリュームをおさめて。

Page32

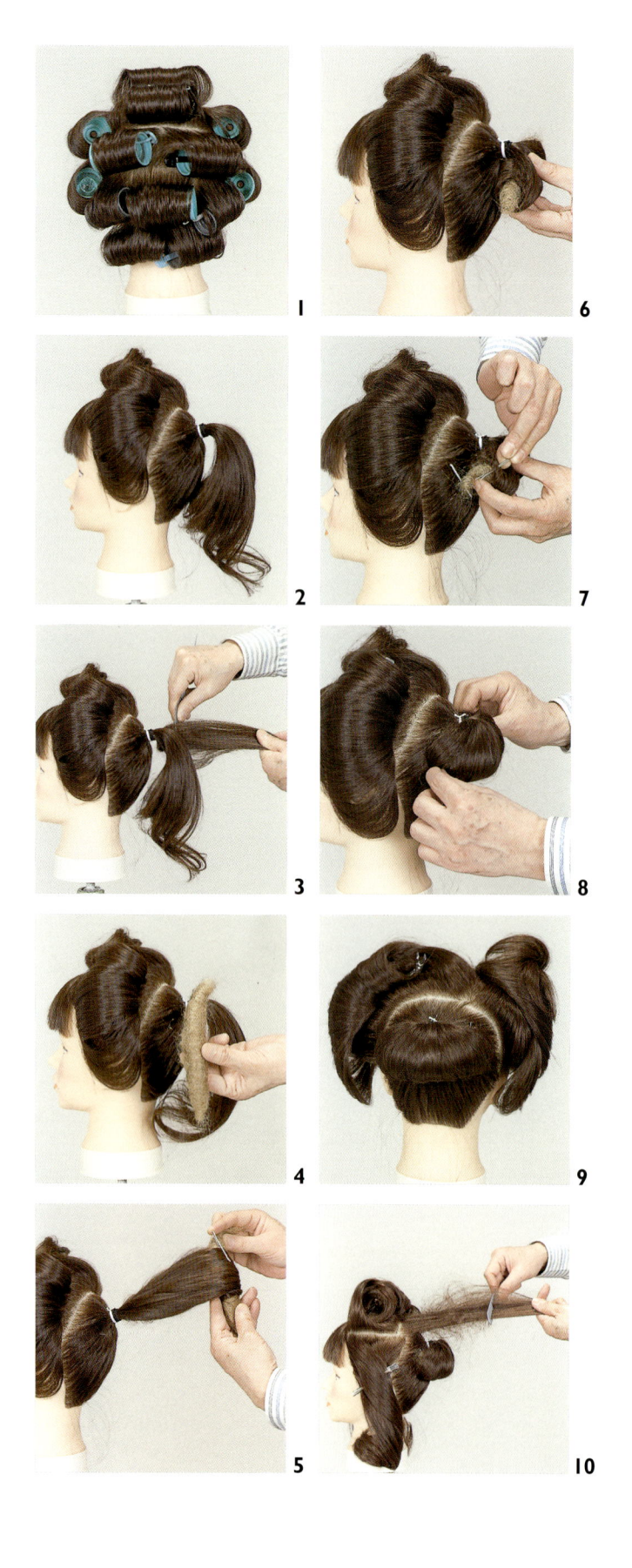

長さ／できれば肩下10cm以上　量／普通〜　質／細〜硬

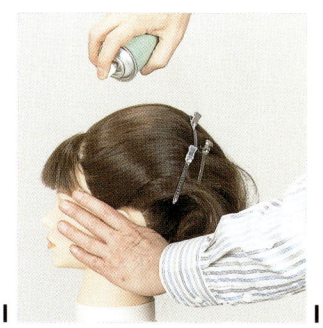

1　大きめのホットカーラーで巻き下ろします。
2　バックをラウンドに取り分け、後頭部でっぱりよりも上の位置でまとめます。
3　根元に逆毛を立て毛束を広げ、
4　硬くつくったすき毛を用意(BACK TO PAGE 72)。
5　毛先にすき毛をピンでとめつけたら、
6　根元まで巻き込みます。
7　根の両側にアメピンをうち、そこにかませるようにすき毛をこはぜ返し(BACK TO PAGE 68)でとめつけます。
8　毛束を広げすき毛をかくし、
9　土台のできあがり。耳上あたりにおさめます。それより下になるとボリューム位置が下がり、かわいさが出ません。
10　土台の上の毛束は3等分し、さらに横スライスを取って根元から中間まで逆毛を立てていきます。
11　表と裏にノーマルタイプのスプレーをふります。
12　サイドも同様に逆毛を立てスプレーをふったら、
13　端だけブラシのカドを使って、きれいに整えておきます。そのあとにスプレーをふっておきます。
14　逆毛をしっかり立て毛束の厚みを出しましょう。表面の毛束のみ逆毛は立てずに残します。
15　逆毛を立てていない表面の毛束をコーミングして、
16　ダッカールで仮どめしたら、前5cmくらいだけノーマルタイプのスプレーをふっておきます。
17　スプリングコームをフロントにはめます。動かなくなるまでグッとさし込みましょう。根元にしっかり逆毛を立てているので、途中で止まります。
18　毛束をいったん返して、スプリングコームが動かないように、コームの歯先にアメピンで1列にとめておきます。
19　その上に薄く伸ばしたすき毛(BACK TO PAGE 73)をふんわり乗せて、アメピンでとめつけます。
20　2つに折り返します。まげの立ち上がりと土台までの空間を支えます。

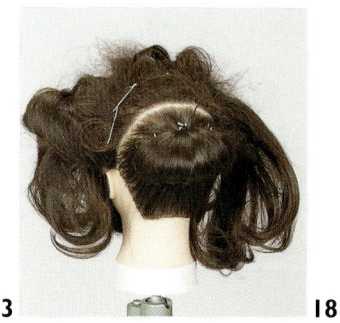

111

21 毛束を戻して、もう一度表面をコーミングして整えます。
22 まげを成型します。きれいに立ち上がりがついたらダッカールで仮止めし、
23 バックセンターに向かってまとめます。毛先はねじって
24 ネジピンで土台にうちます。
25 アメピンをネジピンにかませるようにうち、ネジピンがはずれないように固定。
26 ダッカールをはずしながら、端をコームの先できれいに整え、輪グシで仮止めし（BACK TO PAGE 81）、
27 表面と端にハードスプレーをふります。
28 ハードスプレーが乾く前に、後れ毛をコームの先で整えます。
29 下にリボンをつけるとかわいくなります。
30 できあがり。奥行きがあるので、髪飾りは何でもOK。

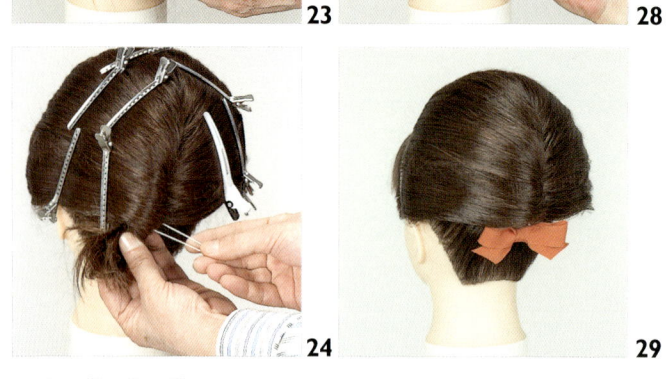

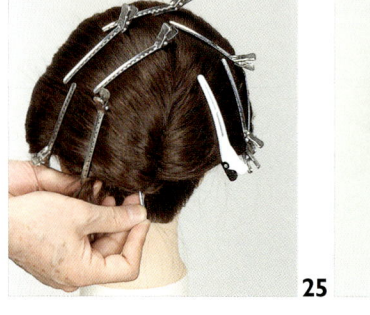

colum 2
メークについて

　正装とはいえ、お着物の柄やお飾りのかわいらしさとのバランスを考えれば、お子様の愛らしさを引き出すことがメークのポイントとなります。

　まず、肌をみずみずしく。化粧水と乳液はたっぷり使用し、リップクリームで唇もしっとりさせます。ファンデーションはお肌の色に合わせて、ルーセントタイプを軽く、またはお粉だけで透明感を出します。目の下にクマがあったり、みずぼうそうの跡があるときはそこだけカバー。でも、決して厚くしないこと。

　ほんのりと赤みを。クリームチークを頬の高い位置に丸くおき、指で軽くなじませます。口紅もほんのり。色付きリップ、パールの入っていないグロスを使用しています。口元に赤みがない場合や、着物が古典調で重厚感がある、赤がはっきり発色している着物で肌色が沈む、という場合、大人用の口紅を指で薄くとって口の中央に置き、ポンポンとなじませました。紅をさす感じです。リップラインを描いてしまうと唇が目立ち、和装にはなじまないのでおすすめしません。

　目元はぱっちり。アイラインは使わない代わり、ビューラーでまつ毛をクルンと上げ、ウォータープルーフのマスカラで目元に強さを出しています。

　肌を明るく見せるために、おでこや生え際近くのお顔そりをするといいのですが、眉はあえて整えないほうがお子様らしさが出せます。（メーク担当／稲若久美子）

113

Front+side shot

まげの位置と前髪の毛流れ

前髪をサイドに流す場合、まげの位置がポイントとなります。左・高い位置のまげのときは、前髪をラウンドさせ上げます。そのままではレトロなイメージなので、三つ編みにしてかわいらしく。中・こちらもまげが高い位置にありますが、前髪が比較的短くて毛流れもゆったりしているため、毛先をサイドの毛流れになじませています。右・低い位置のまげに沿ってそのまま自然に下ろしています。このバランスはいまどきです。前髪を下ろす場合ですが、お子様はパラパラとストレートに落ちる感じのほうが、かわいらしく仕上がります。ブローをするなら、根元をつぶすように上から風を。ブラシで立ち上がりをつけると似合いません。

2つのまげと前髪の毛流れ

左・ウエーブクリップを使ったフラットなウエーブは、生え際に沿って流しながらまげの根元近くにピンカールで毛先をまとめています。右・普段は下ろしている前髪を上げています。これもまげの根元に向かうように毛流れを作るとナチュラル。フワフワと軽さがあるスタイルなので、生え際はクセに沿ってなじませています。

まげの質感と顔まわり

左・ドライな質感でフワフワ軽い仕上がり。長く残した前髪はお顔に沿ってラウンドさせやさしい印象に。右・くし目を通したハリのあるまげ。前髪はストレートアイロンを使用し、ツヤとハリを出します。ライトサイドはアイロンのあとワックスで直線を作り、まげの毛先とあわせてアクセントに。

奥行きのある土台に
飾りと一緒に毛束を巻き込んで。
横から見える飾りのボリュームが
華やかさを一層引き立てます。

Page38

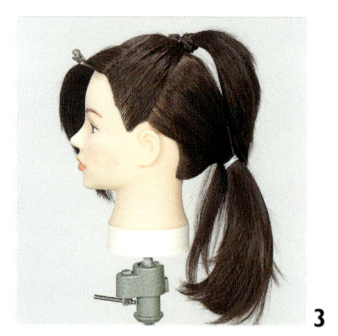

116 | 長さ／肩下15cm以上のロング　量／普通〜　質／細〜硬

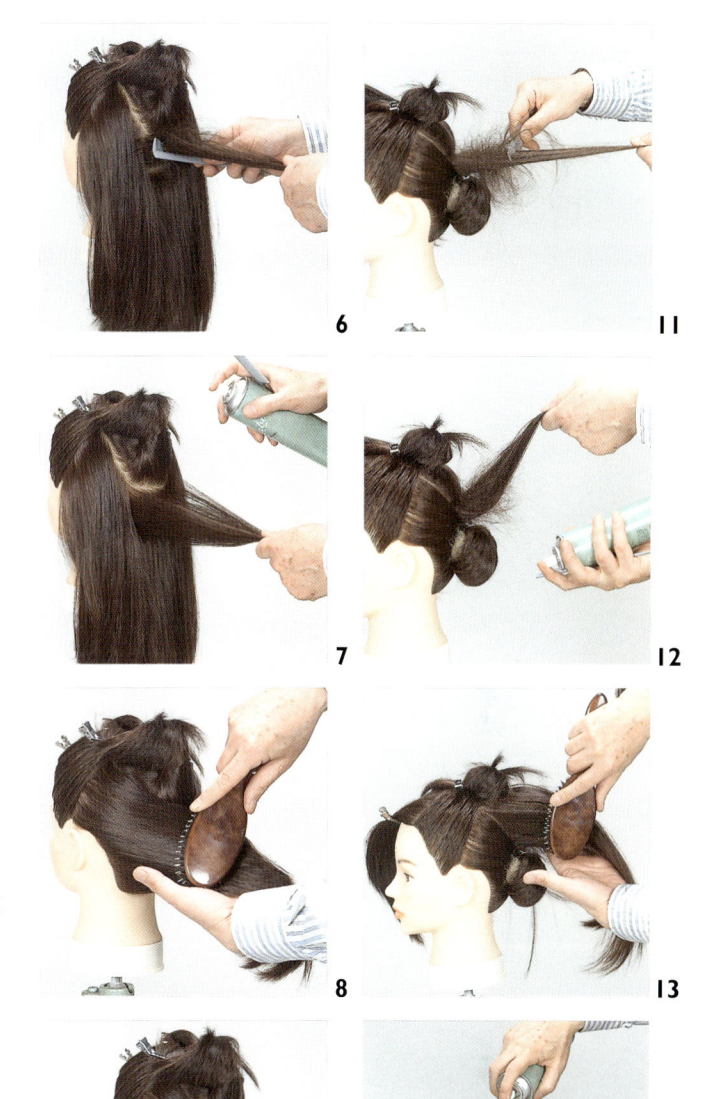

1 イア・トゥ・イアで毛束を取り分けゴムで結びます。このとき、センターをV字に取っておくと結び目が安定します。
2 前髪はやや深めのサイドパート。
3 結び目に毛束を巻きつけます（BACK TO PAGE 69）。
4 1の下を台形に取り分け、いったん上げておきます。
5 台形の下の毛束の表と裏の根元に、逆毛を立てやすくするため、ノーマルタイプのスプレーをふり、
6 根元に逆毛を立てます。これがピンうちの土台となります。
7 逆毛をしっかり固定するため、もういちどスプレーをふり、
8 残りの毛束を集めて台形の下でまとめ
9 ゴムで結びます。
10 三日月型につくった硬いすき毛を（BACK TO PAGE 72）毛先から巻きつけ、根の両端にとめつけます（BACK TO PAGE 110）。
11 台形の毛束を下ろして3つのパネルに分け、それぞれ下から順に毛束の内側を根元から中間までしっかり逆毛を立てます。
12 ノーマルタイプのスプレーを表と裏にふって逆毛を固定。
13 台形の毛束全体に逆毛を立てたら、表面と側面を整えます。
14 もういちどノーマルタイプのスプレーでツヤとハリを。
15 輪グシで仮止めし、毛先に2ヵ所ゴムを結びます。

117

16 ゴムの間にアメピンをさし、10でつくった土台の下にとめつけます。

17 バックのボリュームのできあがり。

18 後ろからみたところ。

19 1の毛束の根元に逆毛を立て、毛束を広げます(BACK TO PAGE 76)。

20 表面の毛流れを整え、長い場合は毛先をゴムでまとめたら、

21 17の表面にかぶせて、毛先を土台の下にとめます。

22 前髪に逆毛を立て毛流れを固定します(BACK TO PAGE 75)。

23 仮止めし、毛先が長い場合はまげにたくし込みます。

24 土台に造花の飾りをアメピンでとめつけ、

25 できあがり。

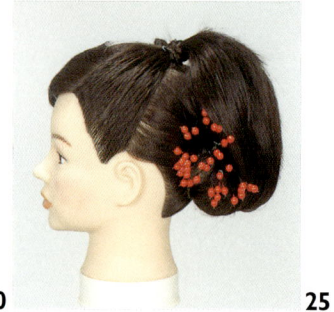

お飾りアレンジ1

造花の代わりにリボンを使う場合、幅広でハリのある素材が向いています。今回の素材はタフタで、できあがりは約22cm。作り方はpage130を参照ください。

1　土台の中央(page110 photo10)にアメピンをつけたリボンをさします。

2　リボンの端を広げ、アメピンでとめつけます。

3　上の毛をかぶせてできあがり。

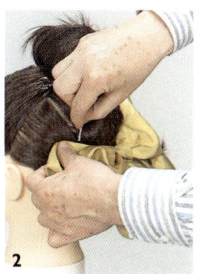

お飾りアレンジ2

ファイバーを2色使い、2つに折って真ん中2ヵ所にゴムを結びます。毛先側に逆毛を立て、ハードスプレーをふって毛先を散らします。梅の造花をプラスして、より華やかさを。

1　土台の中央(page110 photo10)にアメピンでファイバーをとめつけます。

2　造花はアメピンをクロスさせしっかりとめます。

3　できあがり。

弾むような丸い玉。
女の子の大好きな
リボンとお花を飾ったら、
とびきりキュートな横顔に。

Page10

1
2
3
4
5
6
7
8
9
10

120　長さ／肩下20cm以上なら地毛で結えます　量／少〜　質／細〜硬

1 クラウン部分に丸く毛束を取り三つ編みに。根にジグザグにアメピンをとめ、

2~4 三つ編みを平たく丸めて1のアメピンにかませるようにピンうちをします。

5~6 三つ編みの周りの根元に逆毛を立てます。

7 三つ編みの中央に毛束を集め、一束に。逆毛がほどけないようにブラシのカドをつかいます。三つ編みの土台と逆毛で、ピンをうっても痛くない土台と、後頭部に高さを出します。

8 長さ50cm、幅1mの毛束を2つに折り、毛束のカドをスモールピンで根元にとめます。

9~10 根元中心にしっかり巻きつけます。

11 スモールピンでこはぜ返しのピン打ち（BACK TO PAGE 68）をしたら、毛束を少量取り分け、

12 根に巻きつけていきます。テールの表面にはワックスでツヤを出しておきます。

13 すき毛をふんわり丸めます。

14 毛束の内側を割ってすき毛を入れ、オニピンで仮止めしたら、

15 ゴムで結んで毛束を広げ、

16 すき毛を毛束の中に入れます。

17 内側に、スモールピンで毛束とすき毛をとめつけます。

18 残りも同様に。

19 最初のボールは、オニピンをこはぜ返しにうち根にとめます。

20 きれいに丸く揃えなくてもOK。

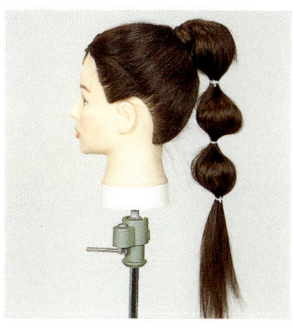

STYLE A

耳後ろの毛束を前に垂らして
お姫様みたいに。
前髪を下ろしても似合います。

Page62

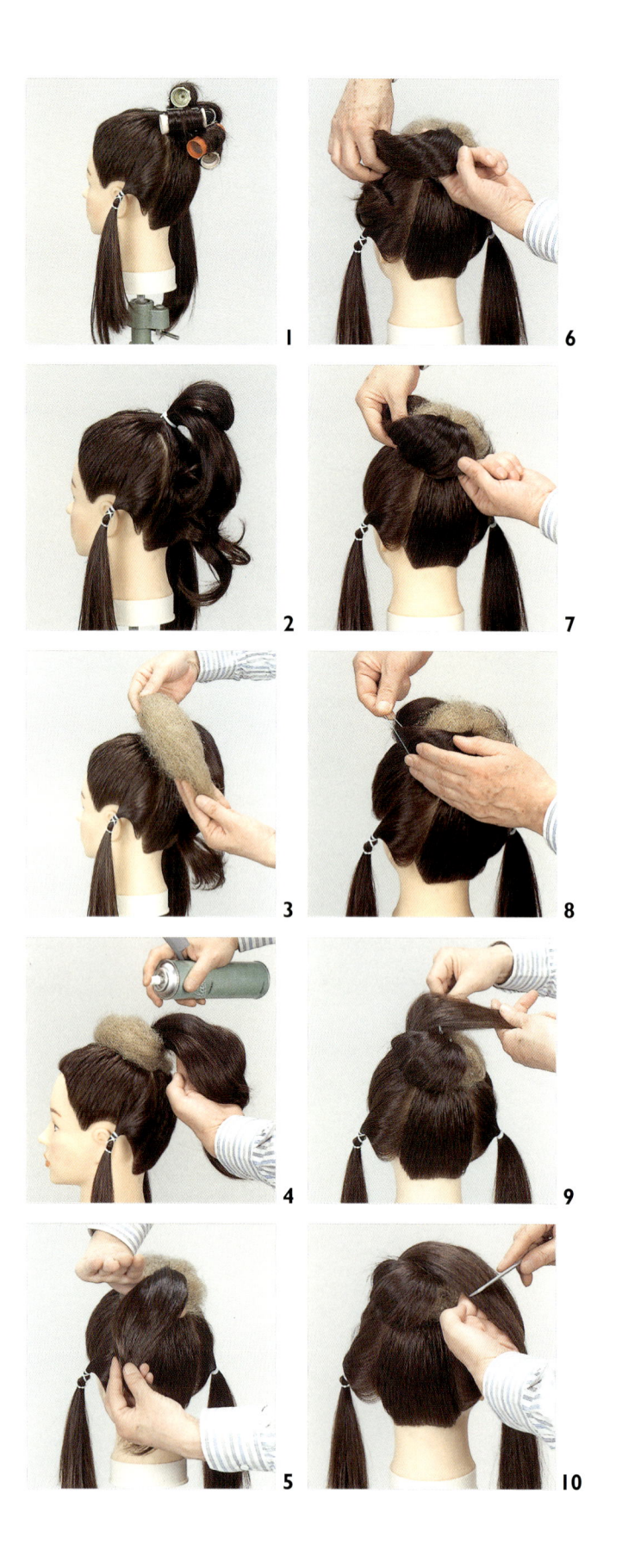

122　長さ／できれば肩下10cm以上　量／少〜　質／細〜普通

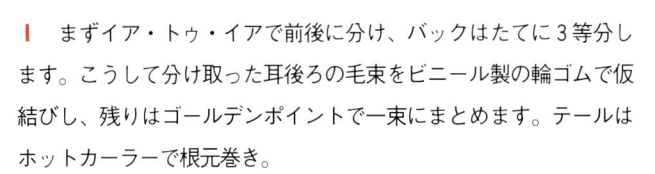

1　まずイア・トゥ・イアで前後に分け、バックはたてに3等分します。こうして分け取った耳後ろの毛束をビニール製の輪ゴムで仮結びし、残りはゴールデンポイントで一束にまとめます。テールはホットカーラーで根元巻き。

2　カーラーをはずした状態。

3　真ん中がふんわりとした木の葉型のすき毛を根にとめつけます。

4　テールの表面にノーマルタイプのスプレー軽くをふり、

5　写真のように毛束の内側に親指を入れ、

6　手を返しながら毛束をねじり、

7　ねじりながら毛束を広げ、

8　毛束を返した部分にネジピンで仮止め。

9　ここからは裏側が表に。根元に逆毛を立て毛束を広げ、

10　表面を整え

11　すき毛に沿わせます。

12　ネジピンをまげに差し込み、とめつけます。

13　毛先をすき毛の内側にたくし込み、

14　まげの端をアメピンでとめつけます。

15　毛束がとまったら、8で仮止めしたネジピンをはずします。

16　まげをおさえながら、所々ピンをうちます。ピン尻は毛の中にかくれるのでしっかりうちましょう。

17　表面の毛をコームの先で浮かせハードスプレー。立体感の演出をします。

18　残しておいた毛束にノーマルタイプのスプレーを毛先まで全体に軽くふり、

19　ストレートアイロンで伸ばしハリとツヤを。ブローだとさらさらして毛束に重みが出ません。

20　できあがり。

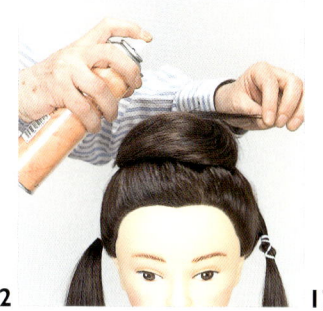

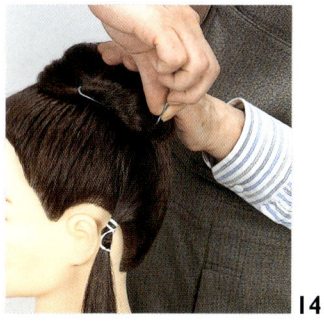

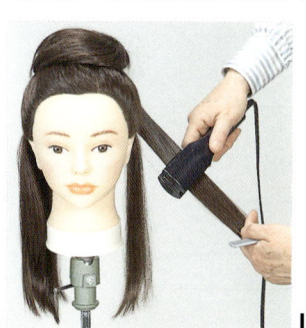

123

STYLE B

淡い色のお着物だから
まげをゆったりまとめて、
やさしい雰囲気に仕上げて。

Page41

うさぎ付きリボン飾り ¥5,300／撫松庵（新装大橋）

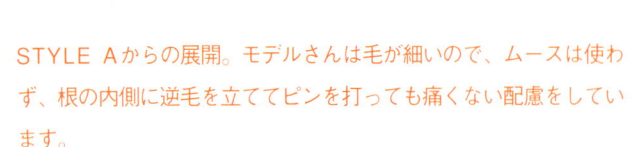

STYLE Aからの展開。モデルさんは毛が細いので、ムースは使わず、根の内側に逆毛を立ててピンを打っても痛くない配慮をしています。

1　一束にまとめ、木の葉型のすき毛をとめます。テールの根元に逆毛を立て、

2　広げてまとめやすくします。

3　「の」の字を書くように毛束の裏を返しピンをうちながらすき毛に沿わせます。

4　すき毛全体をかくせるほど長さがない場合、

5　ネットをかぶせます。

6　集めたネットの端をオニピンにひっかけ、クルクル巻きまげに差します。

7　前髪の内側に逆毛を立て、

8　表面を整えながらサイドに流します（BACK TO PAGE 75）。

9　ライトサイドも同様に。

10　すき毛のかくれていない部分には、髪飾りを。

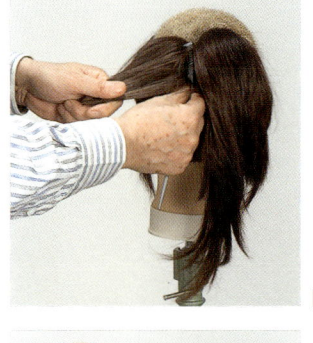

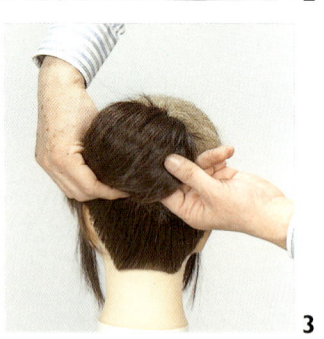

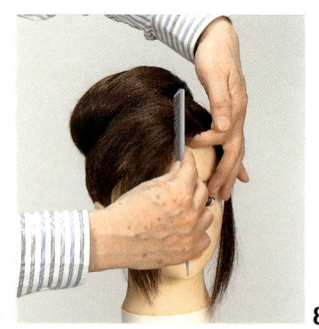

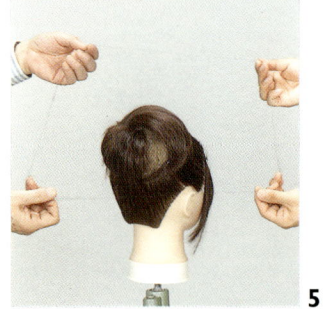

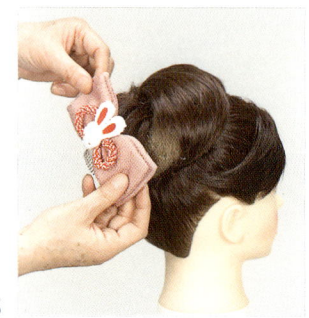

長さ／できれば肩下10cm以上　量／少〜　質／細〜普通

コロンとした大きなドーナツ型。
あえて、完ぺきな形を
目指さないこと。

Page40

1 一束にまとめたら、ホットカーラー根元巻き。
2 俵型のすき毛を4つ用意。
3 4つに毛束を分け根元に逆毛を立てたら
4 毛束を広げ、表面を整えノーマルタイプのスプレー。
5 毛先にすき毛をアメピンで固定し、
6 根元まで巻きつけ、毛束を広げます。
7 すき毛の間はコームの先を使って形をなじませます。
8 ネットをかぶせて
9 ネットを集めてUピンにからませ差し込みます。
10 整いすぎはつけまげのよう。このくらいでOK。

長さ／できれば肩下15cm以上　量／少〜　質／細〜硬　125

ひたいに沿った
フィンガーウエーブが、
懐かしくて新鮮な昭和モダン。

Page58

STYLE A

1　前髪はサイドパート。
2　後ろはスライス線をS字にとって、耳後ろで結びます。
3　スプレーを振って、細めのホットカーラーで毛先巻き。
4〜6　前髪にデップをつけたら、さらにムースもたっぷりつけ、全体になじませます。
7　コームで根元の毛流れを斜めに上げてから、
8　毛流れをおさえながらウエーブクリップをはさみます。
9　クリップの根元をおさえながら、毛流れを下げ、
10　クリップではさみます。次はちょっとたるませて
11　毛先はシングルピンでピンカール。
12　ドライヤーで軽くドライ。
13　まげを作ります。カールをクルンときかせて、
14　少量取り分け指に巻きつけ
15〜16　見えてもいいように、カラーピンでとめます。
17　少しループを引き出して、ハードスプレーをふります。
18　前髪が乾いたらクリップをはずし、毛先はカラーピンを。
19〜20　できあがり。国家試験のフィンガーウエーブを思い出すことがコツ。デップだけだと乾きにくいので、ムースをミックスしています。

長さ／肩につく長さから。前髪が長いこと　量／少〜　質／細〜硬

Page63

STYLE B

短い前髪なら、大きなお花のコサージュでレトロモダンを強調。後ろの毛束をたてに6つに分け、STYLE Aと同じようにクルンとしたまげを作ります。まげを耳上からネープラインに配置すると、バランスが取れます。

長さ／肩下15cm以上　量／普通〜　質／細〜硬

まげのねじり具合と毛先を散らす勢いで
印象は大きく変化します。

Page20

Page48

Page50

1
2
3
4
5
6
7
8

128 | 長さ／肩下15cm以上　量／普通〜　質／細〜硬

根元に逆毛を立て毛束を広げ、毛束をとめつける内側だけをねじって根にとめます。毛先を立ち上げるため根元に少し逆毛を立て、スプレーをつけてから、部分的にワックスで方向性を出します。前髪はワックスでちょっとちびまる子。

基本テク
1 トップの高い位置に一束にまとめ、毛束を少量取り分けたらもう一回ゴム。
2 毛束にムースをつけながらゴムの間を巻きつけかくします。
3 ムースをなじませ、
4 ねじりながら、毛先にも2ヵ所ゴムを結びます。
5 毛先に逆毛を立てハードスプレー。
6 ねじった毛束を1回転させて根元と毛先のゴムの間にピンをうちます。
7 さらにピンをとめつけます。
8 フェースラインに残した毛束は顔に沿わせて三つ編みし、できあがり。

1 毛先のゴムは切らないで長く残してもう一度根に結びます。
2 毛先にハードスプレーをふり、毛先をねじってツンツン立つ細い線をつくります。おくれ毛も同様にスプレーをふってねじり、ツンツンさせます。

1 フロントの作り方。2cm四方にスライスを取りビニール製のカラー輪ゴムで少し浮かせて結びます。
2~4 根元を半分に割って毛先を前から後ろへ通します。
5~6 毛束を左右に引っ張ってゴムを締めできあがり。まげは基本テクと同じです。(技術／田辺浩太)

大きなリボンは女の子の憧れ。
シンプルなダウンスタイルも
パッと華やぎます。

リボン／MOKUBA

ヘアスタイルは、イア・トゥ・イアで分け取ります。結び目の部分にV字に毛束を取り分けておくとゴムが安定しやすい（BACK TO PAGE 116 photo 1）。テールの毛束を少量とって三つ編みにし、根にくるりとまとめてリボンをとめる土台をつくります。リボンにはスプリングコームをつけ土台にさし、広げてリボンの端をアメピンでとめます。

立体的なリボンの結び方。幅10cm、長さ1.5mのリボンを用意。お手伝い1人。

1 両手を約20cm幅に広げ指2本でリボンをはさみ、
2 下でクロスさせます。
3〜4 もう一周させて2重にします。
5 下でクロスさせ、たてに山折りにして1/3の細さに畳み、
6 長いほうをリボンの真ん中に倒します。
7〜8 たてに1周したら下で結び、
9 ギュッと引っ張ります。
10 内側に指を入れリボンを成型します。
11 重なり部分の下を引っ張り出し
12 できあがり。

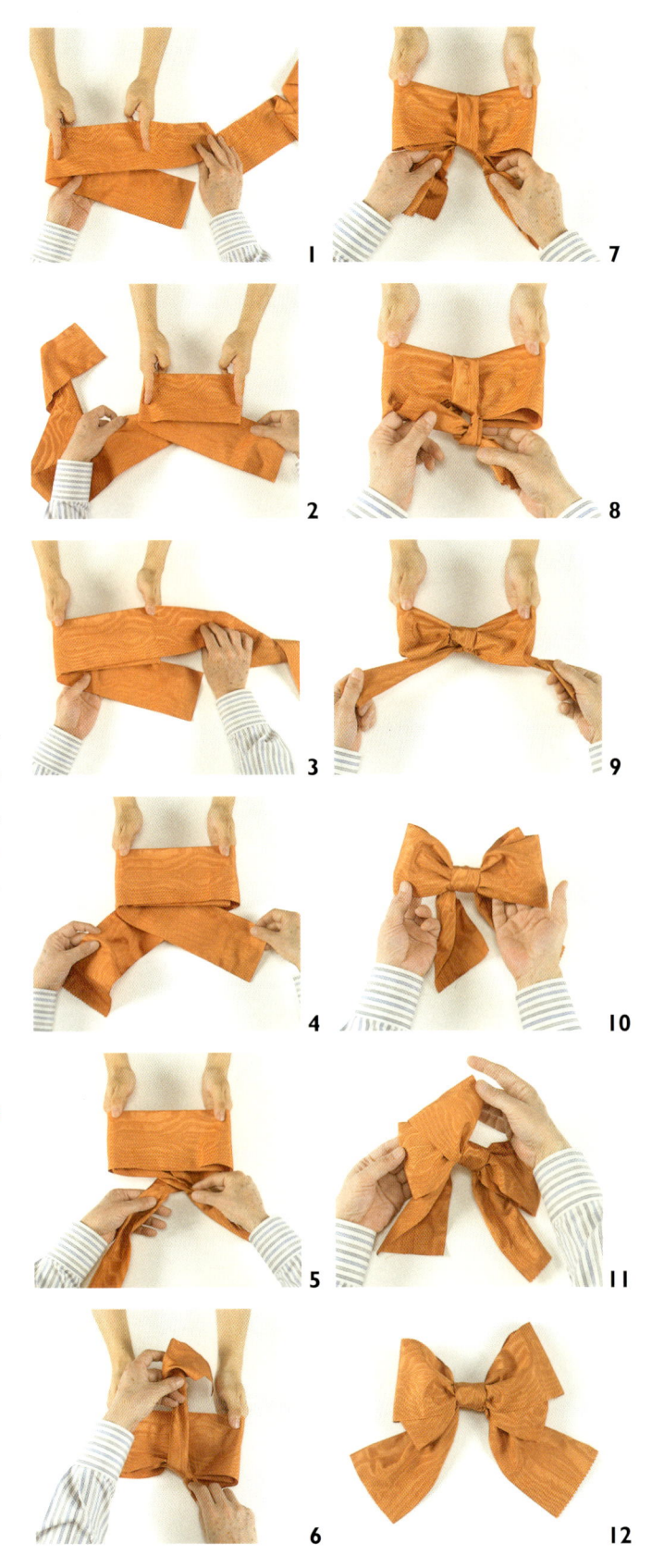

長さ／肩につくくらいから　量／少〜　質／細〜硬

colum 3
3歳児について

　3歳のお子様でいちばん気をつけたいことは、ピンの扱いです。すき毛にさすUピンを地肌に対して垂直にとめないこと。グズって後ろにひっくり返ることもあるので、キケンです。アメピンなども、地肌に平行となるように充分に配慮しましょう。

　元気いっぱいでよく動くお子様は、お母さんに抱っこしていただくとうまくいきます。髪を触られるのがキライなお子様は、当日までお母さんが髪をまとめて慣れるようにご相談を。とはいえ、3歳でも女の子。最初に口紅をちょっとさしてあげたり（あとはチークくらいで充分です）、ホットカーラーを巻いてあげると、鏡の中の自分にうっとり。おとなしくなることが多いです。

　まだお顔が小さいので、ヘアはコンパクトなほうがバランスが取れます。また、長さがあっても、生え際近くがきれいに生え揃っていないことがあります。例えば、左の写真のお子様はフロントに量感が欲しかったので、一束にまとめた毛束を1/3ほど逆毛を立てて前に倒し、赤のスリーピングピン（パッチンどめ）でとめました。スリーピングピンは3歳児にはおなじみですし、痛くないのでおすすめです。

　手早くまとめるため、事前にスタイルの打ち合わせをし、予行練習をさせていただくのもいいかもしれません。

Page15

昔からの定番ヘア、稚児まげ。うぶ毛をツンツンさせお花の飾りで愛らしく仕上げます。

1 頭頂部で一束にまとめて、根元の高さを出すため、たてにゴムを結びます。毛束を2つに振り分け、スプレー後、ラウンドさせながらアイロン。

2〜3 シングルピンで毛束をまとめながらふんわりとしたラウンドに成型。毛先をゴムで結んで

4 毛先をアメピンでクロスさせてとめます。

Page55

センターで髪を分け、ハチでそれぞれゴムで結んだら、三つ編みにしておだんごにまとめます。ミッキーの耳は、

1〜2 すき毛をふんわり丸くまとめ、

3 ネットをかぶせた上に、

4 目の荒いネットをさらにかぶせます。3歳児はカラーファイバーを丸めてカラースプレーをふってあります。

Page56

ツノヘア。まっすぐ上に立てるのがかわいらしさのポイントです。

1 2束に分けて、ストレートアイロンでラウンドさせるようにクセづけします。

2 俵型にまとめたすき毛を、あらかじめうったアメピンにかませ、根にとめつけます。

3〜4 土台にピンをうったりカラーピンを表面にとめつけながら、巻きつけていきます。

Page53

センターパートにして耳前の毛だけハチ位置で毛束を取り、いったんゴムで結びます。そこから残った後ろの毛と一緒に裏編みを。スライスを斜めにとるとうまくいきます。

Page61

イア・トゥ・イアラインで結びます。その下に台形にスライスを取り、カーラーで巻いたら、逆毛を立てます（BACK TO PAGE 117 photo13-15）。フロントで結んだ毛束と合わせ俵型のすき毛を巻き込みます。

Page46

イア・トゥ・イアで毛束を取り高い位置でまとめ、立ち上がりをつけます。ネープだけ分け取り、みつえりでいったんゴムで結び、毛束をひとつにまとめ片方にたらしたら、肩位置でゴムを結びます。

Page21

2束に分け、ハチ位置でまとめます。ストレートアイロンでラウンドさせながらクセづけし、毛先をゴムで結びます。ゴムは長く残し、毛束を丸めて根に結びます。毛先はうさぎの耳のようにアイロンでピンと立て、ワックスをつけます。

Page49

毛束を4つに分け、センターラインを基本に、ちょっとずらしてまとめ、毛束の中間をゴムで結んでおきます。毛束をねじってゴムにピンをひっかけ根にとめます。毛先に逆毛を立て方向性をつけていきます。

Page51

3束に分け、それぞれを三つ編みをしてクラウンに横に並ぶようにおだんごに。ファイバーヘアにワックスとスプレーをふり、パリッとした質感を出し8の字（リボン型）のつけ毛をつくります。おだんごの土台にとめつけます。

この本を読んで共感してくれた人たちの手によって、
街のあちこちで、かわいい七五三がたくさん見られるようになったら、
とてもとても幸せです。ありがとう。

衣装・髪飾りご協力

㈱あとりえせい	京都府京都市西京区木ノ下町 1-79 風鳴館 2F ☎075-382-0077
アトリエ染花（ブランシュ）	東京都渋谷区東 2-5-36 ☎03-3499-6820
新井法子（Atelier Piece）	http://www.saiin.net/~atelier_piece/ ☎0279-23-9796
新井ますみ オリジナルオーダー	埼玉県鴻巣市赤見台 3-13-5 ☎048-597-2825（前田様方）
市田㈱	東京都中央区日本橋浜町 1-12-9 ☎03-3863-9324
エトワール海渡	東京都中央区日本橋馬喰町 1-7-16 ☎03-3661-1111
オフィス ジョジョ	京都府城陽市奈島久保野 21 ☎0774-56-1777
オンワード樫山	東京都中央区日本橋 3-10-5 ☎03-3272-2377
KIMONO 紫藤尚世	東京都港区北青山 3-7-10 MTビル1F ☎03-3406-7484
京都丸紅㈱	京都府京都市下京区烏丸通五条上ル ☎075-342-3344
銀座もとじ 男のきもの	東京都中央区銀座 3-8-16 ☎03-5524-7472
佐啓産業㈱	群馬県桐生市天神町 2-9-7 ☎0277-22-8856
㈱新装大橋	東京都中央区日本橋堀留町 1-7-6 ☎03-3661-0843
時代布 池田	東京都港区白金台 5-22-11 ソフトタウン白金1F ☎03-3445-1269
㈱高島屋横浜店	神奈川県横浜市西区南幸 1-6-31 ☎045-313-8244
㈱千總 東京店	東京都中央区日本橋大伝馬 1番1号 ☎03-3662-3801
ツカモト㈱	東京都中央区日本橋本町 1-6-5 ☎03-3279-1321
㈱東京ますいわや	東京都港区高輪 3-12-8 ☎0120-018-374
㈱マスダ増	東京都中央区日本橋横山町 7-5 ☎03-3664-7651
株式会社木馬 MOKUBA ショールーム	東京都台東区蔵前 4-16-8 ☎03-3864-1408
昌山坊	東京都江東区富岡 2-10-11 シルクハイム富岡 205 ☎03-3643-3435

制作スタッフ

メーク	稲若久美子（be・glee） p8-11, p14-19, p21-23, p26-37, p40-43, p49-p51, p53-55, p56, p58-59, p63, p64, p134
	奥川哲也（be・glee） p6-7, p12-13, p20, p38-39, p46, p48, p60-62
着物コーディネート、着付け	本田昌代（昌山坊）
伊藤五郎アシスタント	田辺浩太（be・glee）
ブックデザイン	縄田智子　若山美樹（L'espace）
プリンティングディレクター	燧 信行（凸版印刷株式会社）
写真	在原一夫
編集	門井恵美

伊藤五郎

神奈川県出身。山野美容専門学校卒業後、サロンワークを経て1964年にヘアーアーティストとして独立。フリーランスの先駆けとなる。以来、ファッション誌、広告、美容専門誌まで幅広く手がけ、1972年三宅一生、73年KENZO、78年ジュンココシノと日本人ファッションデザイナーのパリコレデビューに参画。以後、パリコレクション、東京コレクションでは、多くのデザイナーたちのステージヘアを担当している。また、ヘア技術やデザイン発想の面白さなどを伝える「GORO塾」を全国展開、後進に影響を与え続けている。

1990年「GORO'S UP」出版（新美容出版刊・絶版）
1996年「伊藤五郎の新アップテクニック VIDEO（上下巻）」（㈱）光文社）
1999年5月　国際的なヘアーアーティスト、ジュリアン・デイス、アルド・コッポラと共にパリで開催されたヘアーショーに出演。
同年10月　「世界の24人のクリエイターによるチュチュ展」（青山スパイラルホールにて開催）ではヘアを素材に想像力豊かな作品を発表。各方面から大きな賞賛をあびた。

伊藤五郎の七五三

定価／5,000円（＋税）　検印省略
2003年8月8日　第1刷発行
2003年9月18日　第2刷発行

著者　伊藤五郎
発行者　長尾明美
発行所　新美容出版株式会社　106-0031 東京都港区西麻布1-11-12
編集部　☎03-5770-7021
営業部　☎03-5770-1201　℻03-5770-1228　www.shinbiyo.com
振替　01170-1-50321
印刷・製本　凸版印刷株式会社
©GORO ITO and SHINBIYO SHUPPAN Co ; Ltd. Printed in Japan 2003